INTRODUCCIÓN

El 2020 era un año que se esperaba de crecimiento, ya que el 2019 no había sido especialmente bueno. Algunas empresas como Airbnb habían dejado pasar 2019 para poder debutar en bolsa con viento de cola favorable durante 2020. La realidad ha sido bien distinta, un virus que empezó a hacer estragos en China en febrero ha marcado todo el año 2020 y marcará al menos parte del 2021. Todos y cada uno de los países han sufrido recortes históricos en su producto interior bruto fruto del parón forzado de las personas para evitar la expansión del virus.

El mundo entero cambió su comportamiento para adaptarse: Las empresas han abrazado el trabajo remoto y las personas han adoptado rápidamente alternativas digitales a servicios presenciales como, por ejemplo, el gimnasio desde casa. Esto ha llevado a que industrias enteras entren en una crisis profunda, como el caso del turismo, mientras que otras han recibido un empujón que no esperaban, como las herramientas de trabajo remoto. Los estudios muestran que la adopción de los casos de uso digitales se ha acelerado durante 2020, llegando a niveles esperados para la próxima década.

A corto plazo, todas las empresas están trabajando en dos líneas temporales diferentes. A corto plazo, intentan sacar el máximo de este período de tiempo, ya sea sobreviviendo, si es una industria perjudicada por la pandemia, o aprovechando el viento de cola, si es una industria beneficiada por la misma. A largo plazo, todas las empresas están intentando comprender que cambios son para siempre y cuales son provisionales, para adaptar el negocio al futuro comportamiento post-pandemia de los clientes (personas o empresas).

Uno de los grandes protagonistas del año ha sido el trabajo desde casa, diferente del trabajo remoto, en cualquiera de sus diferentes sabores. La transición de las empresas (las que pueden) a un entorno donde sus trabajadores desempeñan sus tareas desde casa ha sido una tensión creciente durante todo el año. Muchas de ellas han comprendido de la manera más difícil, que los procesos, las interacciones, es decir, la cultura de la empresa trabajando desde casa, no pueden ser la misma. La batalla por ser la herramienta de referencia todavía no tiene un ganador y el último capítulo se ha librado a finales de 2020 con la adquisición de Slack por parte de Salesforce. Microsoft y Salesforce han planteado un roadmap de productos que establece rumbos de colisión.

La preocupación de los usuarios por como se tratan sus datos se ha incrementado paulatinamente durante 2020, empujado por documentales como "The social dilemma" o por la aplicación de la regulación europea y de California. Los modelos de negocio basados en suscripción, donde los usuarios pagan por el servicio (Netflix, Apple, Spotify), está creciendo como alternativa a servicios gratis para los usuarios, donde las compañías utilizan sus datos para conseguir ingresos mediante publicidad.

CÓMO LEER ESTE LIBRO

Este libro es una recopilación de los mejores artículos publicados durante el año 2020 en MultiVersial.

El libro está dividido en 2 partes diferentes en las que se disecciona como se construye el negocio en empresas tecnológicas:

La primera parte cubre análisis de empresas, los modelos de negocio, se ventajas competitivas etc... Para facilitar la lectura el contenido se ha agrupado de la siguiente manera:
- Grandes empresas
- Empresas emergentes
- Industrias adyacentes
- Conversaciones 2020

La segunda parte se centra en entender la cultura en las empresas de corte tecnológico, la importancia del liderazgo, la gestión de equipos y las últimas corrientes de productividad.

Puedes afrontar cada una de las secciones según tu interés. De esta manera el lector más interesado en el mercado seguramente empezará por el análisis de empresas y seguirá con los modelos de negocio. El lector que le apasione construir cultura de empresa, las comunicaciones entre trabajadores o la productividad, empezará por la Parte II, dedicada al Liderazgo, cultura y gestión de personas.

"Hay décadas en las que no pasa nada; y hay semanas en las que pasan décadas"

Vladimir Ilich Lenin

CONTENTS

Introducción
Cómo leer este libro

Parte I	1
Google es el mejor comprando, integrando y escalando el negocio, solo hay que analizar sus ingresos	5
Cómo se construyó Google Maps	7
Si usas Slack no te puedes reír de Google Wave	9
Lo que nadie supo ver en la compra de Waze por Google	11
Estados Unidos presenta formalmente una demanda contra Google por su monopolio en la búsqueda	13
Google Vs el gobierno de EE.UU: El día después	15
La estrategia silenciosa y ganadora de Amazon en Publicidad	17
La estrategia de Twitter contada por su antiguo CEO, Dick Costolo	20
Las 3 razones por las que piden la cabeza del CEO de Twitter	22
Estrategia para que Twitter vuelva a crecer	23
Tesla, en su estrategia de TODO o NADA, amplia capital con el precio de la acción en máximos	24
La encrucijada de Intel en los 80 que casi hace que desaparezca	27
IBM hacia la nube, la única opción para seguir siendo relevante	29

IBM se dividirá en dos empresas a finales de 2021	31
Apple construye sus propios procesadores. Las 5 cosas que has de saber y las 5 preguntas que te debe	33
Las políticas opresivas de Apple Store se hacen públicas y tangibles	35
El fin de semana en el que Facebook cambio su futuro comprando Instagram	37
La venta de Whatsapp: los celos funcionan	40
North Face y Patagonia suspenden su inversión en Facebook y el boicot se vuelve muy real	41
Las 5 peticiones clave que ha de cambiar Facebook si quiere que acabe el boicot	43
El día después: Que hay que tener en cuenta en la adquisición de Slack por parte de Salesforce	45
Tencent es el gigante chino que deberías conocer en detalle	48
Spotify quiere conquistar su independencia a base de compras	50
El último paso de Spotify para emular la experiencia de uso de la radio:	52
Pinduoduo, el ejemplo del comercio «social»	54
Entendiendo a Epic Games, creador de Fortnite, para comprender su batalla con Apple	56
Lo está petando y usted no lo sabe: TikTok	62
Marcas directas a consumidor (D2C)	64
Shopify, la empresa que te ayuda a crear una tienda online en minutos	66
Quibi, la promesa de Hollywood cierra después de 6 meses del lanzamiento	68
Nvidia al detalle, mucho más que tarjetas para juegos	70
La NBA no es un deporte, ni una empresa, ni un espectáculo	73

... y en cambio es muy lucrativo	
Las 5 claves de la creación de la NBA como un negocio del SXXI	75
Los años de la revolución de Disney contados por su CEO	77
Creativity S.A: El libro del fundador de Pixar para fomentar la creatividad en tu organización	79
Dr.Dre e Iovine, de crear a Eminem a crear Beats, el documental que nos lo cuenta	82
La creación de Nike contada por su fundador: Innovación y decisiones de negocio construyendo un giga	84
Ya es 2008 de nuevo: Sequoia advierte a sus startups de que se preparen para lo peor	87
Se ha puesto de moda la tercera manera de salir a Bolsa: SPAC	89
Diferencias: Buffet vs el capital privado	91
Las 10 adquisiciones más rentables de todos los tiempos	93
2019 no parece ahora que fuera tan malo para salir a bolsa	97
Negocios o Industrias en riesgo a partir del 2020	99
Harvard: Los algoritmos están empeorando la desigualdad económica	101
El peso de internet en las elecciones desde 1992 hasta la fecha	103
Los 4 pasos con los que las apps nos convierten en adictos	105
El dilema social, el documental de Netflix que aborda como las redes sociales transforman nuestro co	107
Las redes sociales pueden ser adictivas pero la responsabilidad es tuya	109
Los grandes beneficios de los modelos de subscripción para las empresas	111
Entendiendo las empresas basadas en efectos de red	113

Como afrontan las GAFAM este año crítico en base a la madurez de cada empresa	115
La semana del fitness conectado: Resultados de Peloton, servicio de Apple y Zwift que mezcla videoju	117
La industria del podcast en duda hasta que pueda dar las métricas correctas	119
«La asfixia que exprime a la competencia»: Startups contra el monopolio tecnológico	121
Silicon Valley se vuelve corporativo	123
La siguiente ola tecnológica que ha de venir	125
Parte II	129
Parte II: Liderazgo, Cultura de empresa, gestión de personas y productividad	130
La cultura de Google explicada desde dentro	132
3 maneras de medir el impacto en el negocio en base a líderes con inteligencia emocional	134
Beneficios y retos del teletrabajo contado por los expertos	135
La asincronía en la comunicación es la clave del trabajo remoto, si no lo practicas estás perdiendo	137
Harvard: Comunicaciones entre compañeros deben limitarse a una parte de la jornada, la otra parte es	139
No mezcles la evaluación del desempeño y los puntos a mejorar en la misma reunión porque nadie te es	141
OKRs: Lo que debes saber del nuevo hype (moda) sobre objetivos y gestión de equipos	143
Intraducibles: Onboarding	145
5 maneras de motivar al equipo no relacionadas con sueldo	146
¿Eres un gerente o un líder?	147
¿Eres un líder? Entonces deberías estar lidiando con estas	149

7 tensiones según Harvard

Calcula tu nivel de incompetencia como líder	151
Las piedras en el camino de la innovación en las grandes empresas	153
Lo que no te cuentan de ser Intraemprendedor	155
Equipos pequeños para dominarlos a todos	157
Las cuatro personalidades necesarias para que un equipo tenga éxito	158
Los 5 Sesgos (...y cómo evitarlos) de los data scientist y de cada uno de nosotros	160
No pienses en ser productivo, piensa primero en estar enfocado	163
Equivocarnos: ¿Es útil o no tiene sentido?	165
La técnica de productividad «pomodoro», que todo desarrollador conoce, ahora es útil a todo el mundo	166
"No invites a más de seis personas": Las tres reglas de Elon Musk para sus reuniones en Tesla	168
Como rechazar invitaciones a reuniones	169
La belleza y la potencia de las checklist (listas de cosas por hacer)	170
Las 6 trampas del tiempo que necesitas conocer	171
Harvard aconseja «Deja de preocuparte en lo que otros piensan sobre ti»	173
agradecimientos	199
About The Author	201

PARTE I

Parte I: Análisis y aprendizajes de Empresas, Modelos de negocio y conversaciones interesantes durante 2020.

2020 será recordado como un momento clave de la historia debido a la pandemia del coronavirus, que ha supuesto un reto sanitario como no se había visto en generaciones y un reto económico, que sigue al sanitario con un decalaje de 6 meses.

Por ello, el 2020 ha sido testigo de estrategias que pueden cambiar el rumbo de los próximos años. La decisión de Apple de cambiar de chip y diseñar su propio procesador basado en tecnología ARM, va a condicionar la década. No sólo porque la experiencia de uso del entorno Apple puede ser diferencial y más difícil de copiar en los dispositivos conocidos, sino porque Apple seguramente estará pensando en nuevos dispositivos que sólo son factibles con este cambio de calado. En la misma línea de decisiones con repercusiones en el futuro de compañías, IBM se reinventa otra vez dejando atrás un negocio con márgenes limitados y sin apenas crecimiento. Ha dividido en dos la empresa, y en unos años veremos si desgaja definitivamente el negocio tradicional mediante una venta.

En general, las grandes empresas se ven desde fuera como "todopoderosas", si bien, lo más interesante es conocer el camino, las decisiones e incluso los errores que los han llevado a ser lo que son.

Además de seguir a las grandes empresas, hemos analizado a las empresas emergentes que pasan por debajo del radar y de las que es interesante conocer el camino que están siguiendo para alcanzar el éxito. Pinduoduo, que en apenas 3 años consiguió una capitalización bursátil de 100 millones de dólares vendiendo alimentos perecederos en las ciudades medianas de China; Shopify, "el Wordpress del comercio electrónico", que te permite lanzar una tienda online en minutos; Tencent, el gigante chino que no tiene nada que envidiar a Google, Facebook o Amazon; Salesforce, con la adquisición de Slack para competir en un caso de uso más con Microsoft; Tesla y su apuesta hacia delante, en el año en que se ha convertido en el fabricante de automóviles con mayor capitalización bursátil o, por último, Epic Games, que al desafiar a Apple, ha enseñado a toda la industria la potencia de su empresa.

Es interesante echar la vista atrás para entender los retos a los que se enfrentaron algunas empresas, las decisiones que tomaron y las consecuencias de sus actos. Como por ejemplo, Intel, saliendo del negocio de las memorias en los años 80 para centrarse en los procesadores; o fijarse en industrias adyacentes que abrazan la tecnología como Disney, en su transición de una empresa basada en parques temáticos y películas de cine a una empresa tecnológica; la NBA, haciendo un camino similar al de Disney con un contenido exclusivo antes distribuido de manera tradicional y ahora adaptándose al sXXI.

La pandemia, además, ha forzado un cambio en el comportamiento de los consumidores, acelerando la digitalización de las comunicaciones en el trabajo, del consumo y de las interacciones sociales. Algunos de estos cambios serán transitorios, pero otros han venido para quedarse. El reto de las empresas es entender estos cambios y adaptar su modelo de negocio para sobrevivir durante la pandemia y prosperar después de ella.

El 2020 será además recordado por las elecciones americanas y el impacto de las redes sociales en las mismas, en las que ya no sorprende a nadie el peso de internet y el mundo online en el resultado de las mismas.

Uno de los modelos de negocio que ha salido reforzado ha sido aquel que ofrece contenidos o servicios gratis a los usuarios, y en el que las empresas monetizan la interacción entre usuarios mediante publicidad. La conciencia pública sobre los datos personales y su importancia en estos modelos va en aumento, tanto por los ciudadanos como por las autoridades regulatorias.

Pero, además, las grandes empresas tecnológicas están siendo investigadas por ejercer abuso de poder y posición dominante por la administración que vela por la libre competencia.

CARLOS MOLINA DEL RIO

Grandes Empresas

GOOGLE ES EL MEJOR COMPRANDO, INTEGRANDO Y ESCALANDO EL NEGOCIO, SOLO HAY QUE ANALIZAR SUS INGRESOS ACTUALES

La percepción general es que Google es líder innovando y es cierto, pero no es tan reconocida su capacidad de adquirir empresas para construir su visión. Recordemos el gráfico de ingresos simplificado de los tres últimos años, para luego analizar las compras de la primera década del sXXI, su crecimiento y su contribución actual al negocio:

Revenue family	Revenue product	2017	2018	2019	CAGR
Google properties	Google search and others	69,8	85,2	98,1	12%
	Youtube ads	8,15	11,1	15,1	23%
Google non properties		17,6	20	21,5	7%
Google cloud		4	5,8	8,9	31%
Google other		10,9	14	17	16%

* Miles de millones de dólares.
Fuente: relaciones con inversores de Alphabet

- **Adwords es su producto hecho en casa para desktop:** Este es el producto primigenio de la compañía construido totalmente dentro. La herramienta que permite lanzar campañas con la segmentación de Google en las webs/productos de Google.

- **Compra Adsense (2003) y Doubleclick (2007) para ganar inventario:** Una gran visión desde el principio, ya que necesita herramientas para que sus clientes también puedan anunciarse (con la capacidad de segmentar de Google) en otras webs que no son propiedad de Google.

- **Sólo Maps genera 2.900 millones de euros:** Maps se construye después de hacer una triple compra[1] en 2004, que le permite sentar las bases del producto que hoy conocemos. Esos ingresos [2]palidecen contra el resto de líneas de negocios, pero es la mitad de lo que ingresa Spotify en un año[3].

- **Compra YouTube (2006) y revienta las cifras de in-

gresos: Solo en los tres últimos años, 2017 a 2019, los ingresos que ha conseguido son de 8 a 15 mil millones. Lejos quedan los 1.600 millones de dólares que pagó en 2006.

- **Compra Android (2005) para no perder la revolución móvil:** Google se ahorra pagar al sistema operativo para que Google sea su motor de búsqueda por defecto, como hace con iOS (unos 4.800 millones de euros estimados basados en *Marquet* share[4]). Google ingresa por la tienda «Play Store» unos 7.700 millones en 2018[5].

Revenue family	Revenue product	2019
Google properties	Google search and others mobile	61,9
	Google search and others desktop	33,3
	Youtube ads	15,1
	Maps*	2,9
Google non properties	AdSense & DoubleClick	21,5
Google cloud		8,9
Google other	Play store	9,2
	Other	7,8

*Miles de millones de dólares.
Fuente: relaciones con inversores Alphabet

Google es capaz de **entender la visión de largo plazo**, **seleccionar** las **empresas** más exitosas, **integrarlas** después de compradas y **convertirlas** en máquinas de imprimir dinero.

CÓMO SE CONSTRUYÓ GOOGLE MAPS

Google Maps es uno de los productos más exitosos del gigante tecnológico. Google ha construido el producto a lo largo de los años con gran parte de esfuerzo interno, pero también hubo varias adquisiciones que fueron los cimientos del producto que conocemos hoy en día

- **En 2003 las instrucciones paso a paso eran lo máximo que podías esperar**: Instrucciones en una web estática como la de Yahoo! Maps[6], que te imprimías para poder tener una chuleta sobre tu viaje. Google tenía un producto llamado «*Search* by location» que tenía exactamente 0 usuarios, liderado por Bret Taylor[7].

- **Where2 coloca el mapa como interfaz principal e interaccionable:** Una startup australiana tiene la visión[8] de dar el protagonismo al mapa en la web, permitiendo hacer zoom, moverte dinámicamente con el ratón, etc. Por cierto, aprovechando una funcionalidad nueva de JavaScript que fue el inicio de AJAX [9] y de las webs dinámicas[10].

- **La visión y la tecnología de tráfico en tiempo real la compran a ZipDash:** La startup ofrece información precisa de la congestión del tráfico y en tiempo real, gracias a los primeros móviles de Nextel[11]. Serán 2 Millones de dólares por un proyecto pequeño[12].

- **ZipDash era un proyecto minúsculo:** El CEO de ZipDash cuenta una historia divertida[13] de su primer encuentro con Megan Smith. « En un momento, Megan nos preguntó cuántos usuarios tenemos. Dije «200 o 300». Ella dijo: «¿Mil?» Definitivamente no teníamos el tamaño de Google en ese momento».

- **De Google Earth a Pokemon Go:** Google compra Keyhole[14], startup que lanzó un software de escritorio, llamado Earth Viewer, germen de Google Earth. El CEO se convertiría en el líder de la división de localización (Google Earth y Maps) que lanzaría Niantic y el resto es historia[15].

SI USAS SLACK NO TE PUEDES REÍR DE GOOGLE WAVE

Slack salió a bolsa[16] en Junio de 2019 como herramienta de productividad y, tanto desde el punto de vista de producto[17], tecnológico [18]o financiero, [19]todo fueron alabanzas. En cambio, Google Wave se estrelló en 2010[20], con una propuesta similar y lo que queda del producto son duras críticas[21].

- **Producto para mejorar comunicaciones:** Google Wave se definía como una plataforma de comunicaciones[22] en tiempo real. Los slogans de Slack[23] son «Choose a better way to work», «Slack replaces email inside your company» y «Keep conversations organized in Slack, the smart alternative to email».

- **Extensiones para mejorar la experiencia:** Tanto robots[24]como gadgets [25]en Wave, son similares a los bots y apps en Slack, para cubrir esa funcionalidad nicho.

- **¿Falló Wave en UX?** Ahora es un diseño de producto antiguo, pero nadie le puso esa pega, era confuso, pero al revisarlo ahora, podría incluso parecerse a basecamp v3[26]. Es la misma sensación al escuchar el disco Ok Computer de Radiohead[27] en 1997 o escucharlo ahora: De no entender nada, a comprender que eran unos adelantados a su tiempo.

- **¿Falló Wave en encontrar el caso de uso clave?** La teoría de «Crossing the chasm[28]» explica cómo has de encontrar el nicho, tanto de caso de uso como de usuarios, para luego crecer en la mayoría de la población.

- **Falló en el timing es la respuesta más fácil:** Y a la vez, la más difícil, porque aun lanzando un MVP, que Wave no lanzó, es complicado entender si los usuarios están preparados para afrontar la necesidad detectada. De ahí, que solo quedé ensayo y error[29], algo que Google ha sido siempre un maestro[30].

LO QUE NADIE SUPO VER EN LA COMPRA DE WAZE POR GOOGLE

En Junio de 2013, **Google compraba Waze** por cerca de 1.000 millones de euros adelantándose a competidores que parecían que podían necesitar más los activos de Waze (Facebook[31] al no tener posicionamiento en el mercado, o por el fallido lanzamiento de la app de mapas de Apple[32]).

Las razones que se esgrimieron entonces eran principalmente cuatro[33]:

- **Información activa creada por la comunidad** para enriquecer Google Maps como controles de policía o accidentes.
- **Información pasiva de navegación en tiempo real.**
- Conseguir inventario de **publicidad local.**
- **Alejar a la competencia.**

Google, para sorpresa de todos, no ha integrado la app de Waze en su ecosistema[34], la ha mantenido separada, ni siquiera ha hecho un esfuerzo grande en monetizar su uso, más allá de anuncios esporádicos.

Eso se debe a uno de los usos más potentes de los activos de Waze (que nadie se percató entonces) y que hace tan atractiva la compra para el futuro de Google. La razón diferencial de la compra de Waze por Google **es el incesante número de comprobaciones manuales** (Ground Truth)[35] **por parte de la comunidad de Waze de lo que está pasando** (tráfico, accidente, policía, coche averiado etc.). Estas comprobaciones sirven para:

- Informar mejor a los usuarios (tanto de Waze como Google Maps en el caso de accidentes).
- Sobre todo, para **alimentar y mejorar los algoritmos de aprendizaje automático** para, por ejemplo, calcular rutas teniendo en cuenta tráfico y retrasos.

Esta capacidad de corregir y mejorar los servicios, con miles de conductores diciendo lo que realmente está pasando, para que los algoritmos aprendan, es básica para entender porque la compra de Waze no es un puro movimiento defensivo y es un pilar para el desarrollo del negocio de coches autónomos[36].

ESTADOS UNIDOS PRESENTA FORMALMENTE UNA DEMANDA CONTRA GOOGLE POR SU MONOPOLIO EN LA BÚSQUEDA

Hoy martes ha sido el día en que el departamento de justicia ha formalizado la demanda en base a prácticas de anticompetencia en base a la posición dominante[37] de Google en el mercado de las búsquedas.

- Google paga de miles de millones de dólares por parte de Google a Apple[38] para **colocar Google como motor de búsqueda de referencia y predeterminado en el sistema iOS en los dispositivos de Apple.**
- En palabras del fiscal **Google «ha mantenido su poder de monopolio a través de prácticas de exclusión que son perjudiciales para la competencia»** teniendo en cuenta que «Google es la puerta de entrada a Internet y un gigante de la publicidad basada en búsquedas»
- **Una decisión que aúna ambos lados de la política:** Conservadores como el presidente Trump y liberales como la senadora Elizabeth Warren han sido muy críticos con la concentración de poder en un puñado de gigantes tecnológico
- El fiscal general William P. Barr, designado por Trump, ha **empujado esta investigación y establecido los plazos que coinciden justo antes de las elecciones** aunque algunos medios señalan que los demócratas [39]como grupo no firmarían la demanda.
- **Esta puede ser la primera de varias demandas antimonopolio** ya que las cuatro empresas de tecnología grandes están en el punto de mira[40].
- **Google controla el 90% del mercado de las búsquedas online** con el que el año pasado generó 34.300 millones de dólares en ingresos por búsquedas en

Estados Unidos, según eMarketer[41]

- La semana pasada veíamos los argumentos de uno de sus competidores quejándose de esa misma posición dominante[42]

El resultado puede ser la reorganización de la empresa, aunque Google ya ha salido airoso de otra demanda hace 7 años [43]con el mismo argumento sobre las búsquedas online

Otras fuentes: Techcrunch[44], NYT[45], WP[46]

GOOGLE VS EL GOBIERNO DE EE.UU: EL DÍA DESPUÉS

Ayer (Octubre 2020) el departamento de justicia demandó a Google por prácticas monopolísticas [47] en el mercado de las búsquedas. Recapitulemos los análisis:

La demanda pide un «alivio estructural» lo que significa dividir la compañía: Lo que se podría realizar dividiendo los productos que consiguen los datos de los usuarios[48], y los productos que venden a las empresas que quieren hacer publicidad. Esto no solo rompería la empresa si no el modelo de negocio donde los usuarios en su mayoría están «felices» pagando con sus datos los servicios de Google.

Google está haciendo movimientos en los últimos años para mejorar sus relaciones con los reguladores, pero no están siendo suficientes: Desde pagar a los medios de comunicación por la utilización de sus noticias, hasta suprimir las cookies de terceros como guiño a la privacidad del usuario. La venta de Chrome podría ser la evolución de esos movimientos de las cookies de terceros[49]

Google sigue la senda de Microsoft a finales de los 90 y de IBM décadas antes: La principal diferencia es que Google no domina en solitario sino con 4 compañías tecnológicas adicionales con quien cooperan y compiten en varios mercados a la vez.

La clave puede estar en que **los fiscales tienen que demostrar que Google tiene no solo un monopolio, sino un monopolio dañino**: Reduciendo la capacidad de los demás de mejorar sus servicios e innovar. Una táctica muy extendida de este comportamiento es adquirir a los rivales que en el medio plazo pueden hacer sombra[50].

El argumento de Google es que la gente puede elegir: «Las personas no usan Google porque tienen que hacerlo, lo usan porque así lo desean», Kent Walker responsable legal en una publicación de blog el martes[51].

Todas las empresas intentan hacerlo mejor que sus rivales y Peter Thiel define el monopolio en su libro «De cero a uno» de manera cristalina[52]: «El tipo de empresa que es tan buena en lo que hace que ninguna otra empresa puede ofrecer un sustituto cercano. Este tipo de monopolio no es malo. En cambio, es una empresa floreciente»

El debate está servido para los próximos meses (¿años?)...

LA ESTRATEGIA SILENCIOSA Y GANADORA DE AMAZON EN PUBLICIDAD

El gigante del eCommerce fue considerado empresa tecnológica a partir del lanzamiento y explosión de su servicio en la nube. En estos tres últimos años, Amazon es un actor en el negocio de la publicidad (*advertising*), que está aumentando tanto su importancia como para plantar cara a Google y a Facebook.

- **Comenzó poniendo anuncios en sus páginas sobre todo de productos**, los llamados «Amazon choice», que permiten a las marcas destacar sus productos[53] en las búsquedas, y ofrecer los artículos en modo carrusel en las recomendaciones de la página de producto.
- **La clave: Amazon pensó que los datos que tenía de los clientes y su escala eran comparable a la de Google.** Google empezó su imperio con los intereses de los usuarios basados en las búsquedas de navegación, pero Amazon construye su imperio sobre búsquedas relativas a compra y compras efectivas, que parece MUCHO más relevante para las marcas, ya que tienen los datos de las compras, no sólo del interés. Y tiene viento de cola, ya que muchos usuarios ya buscan directamente en Amazon en vez de pasar por Google[54]
- **Eligen construir el módulo de puja (DSP) para las subastas de anuncios publicitarios (cadena programática).** Porque en la publicidad programática (hecha por subastas), la información del usuario que va a recibir la publicidad, sólo la tiene (o se consigue) mediante el módulo de subasta. La metáfora de una subasta física sería que solo la persona que levanta la piruleta en la sala (y esta al teléfono de la «persona

rica en el yate» que es quien compra) para pujar por un cuadro supiera el autor, título y año del cuadro.

- **De esta manera se puede utilizar la información de Amazon, pero sólo a través de DSP de Amazon** con toda la funcionalidad de segmentación cuando se aplica a la página de Amazon[55] y más reducida, para cumplir ley y protegerse de competidores cuando pujas por espacios fuera de Amazon (cualquier periódico digital).

- **Amazon también puede conocer, como Google y Facebook, a los usuarios de manera transversal** en varios navegadores y en varios dispositivos, ya que el usuario abre sesiones poniendo usuario y contraseña allá por donde va.

- **Para cerrar el círculo Amazon compra Syzmek, un ad-server,** para tener más funcionalidad a la hora de servir publicidad [56]y además para que no se filtre información del rendimiento de sus campañas a competidores.

- **El resultado es que Amazon está arañando cuota prácticamente a todo el mundo** y el duopolio en breve se convertirá en una terna de líderes.

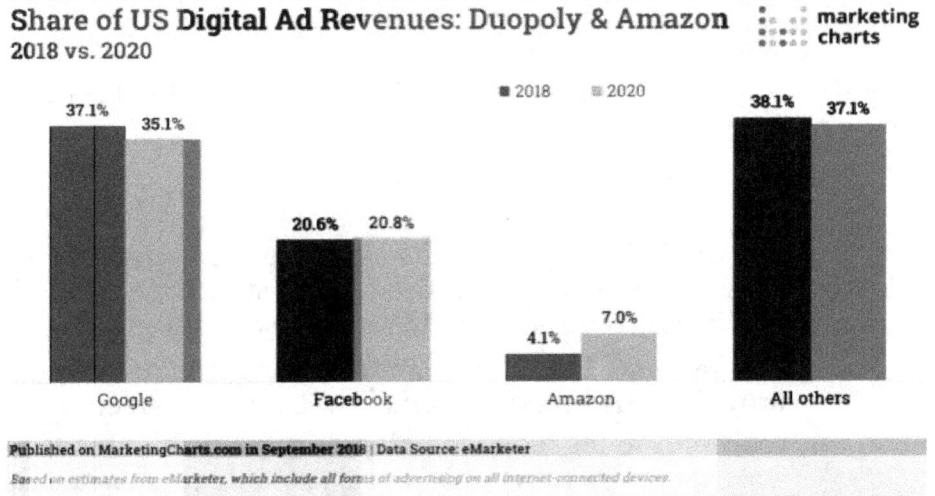

Fuente: Marketing charts

LA ESTRATEGIA DE TWITTER CONTADA POR SU ANTIGUO CEO, DICK COSTOLO

Dick Costolo, ex CEO de Twitter, ha explicado la estrategia de Twitter en una entrevista en Acquired.fm en sus primeros años de hiper-crecimiento[57] incluyendo su salida a bolsa.

1. **Las ventajas iniciales cuando hay efectos de red son muy importantes**: En una industria de efectos de red[58] como las redes sociales, es muy difícil alcanzar a alguien si ya tiene una ventaja establecida. La única forma de competir en esas situaciones es cambiando el producto o la aproximación.
    - Facebook cuando consiguió una importante diferencia en número de usuarios activos frente a Twitter, incrementada con la adquisición de Instagram, a éste le fue imposible alcanzarle siguiendo sus antiguas tácticas. Es por ello que Twitter decidió probar nuevas **estrategias ortogonales:** video (Vine), video en directo (Periscope), música (Twitter Music), sindicación (Moments), contenido exclusivo (acuerdo de la NFL), etc. Ninguno de los intentos tuvo éxito, ya que o bien fracasó por falta de tracción de usuarios, o porque Facebook mimetizó el movimiento, aprovechando su mayor base de usuarios, aspecto clave en una industria con efectos de red.

2. **La experiencia de usuario debe ser excelente en todas las plataformas y ser rápidos en el despliegue:** Vine se lanzó en iOS convirtiéndose en el número 1 en la App Store. Pero la experiencia de Android no estaba disponible desde el primer día, por lo que los usuarios estaban fracturados en base a su tipo de dispositivo. Instagram respondió agresivamente en iOS y Android antes de que Vine pudiera detener el sangrado, y el

resto es historia.

3. **Las resistencia de la red depende del tipo de relación de sus contactos:** Esto lo analizábamos en solitario añadiendo pros y contras[59] de cada tipo de red en otro de nuestros artículos.

4. **Urgente vs importante:** Twitter encontró varias situaciones en las que figuras de talla mundial que hicieron que la plataforma prácticamente se cayera a pedazos. Dick Costolo ponía de manifiesto dos tipos de desafíos: «incendios forestales», esta locura acaba de suceder y debemos responder, y «gestión forestal», este conjunto de locuras seguirá sucediendo hasta que nos demos cuenta una solución que escala. Necesitas un estado mental diferente para abordar cada uno, y el equilibrio entre los dos es increíblemente difícil cuando estás yendo y viniendo todos los días.

Twitter se ha quedado en tierra de nadie, aunque es una empresa enorme y rentable, comparada con el resto de los competidores tecnológicos. Hubiera podido ser diferente si Instagram hubiera aceptado la oferta de compra de Twitter[60], ya que se juntaba el mejor producto de red social sobre texto con el mejor producto sobre imagen.

LAS 3 RAZONES POR LAS QUE PIDEN LA CABEZA DEL CEO DE TWITTER

Twitter es esa red social que no ha podido seguir la estela de crecimiento de sus competidores, y eso hace que haya habido cambios en la dirección[61], existan movimientos de calado para cambiar el rumbo[62] y que arrecien las críticas como la de Scott Galloway[63]. **Scott Galloway, profesor de la Universidad de Nueva York,** es una voz reconocida en la industria, especialmente crítica con las cuatro empresas grandes: Google, Amazon, Apple, y Facebook.[64]

- **Jack Dorsey es CEO de dos empresas gigantes de tecnología a la vez**: Es a la vez CEO de Twitter y de Square, la empresa de pagos digitales que fundó tras ser despedido de Twitter en 2008 y que tiene una valoración cercana a los 100.000 millones de dólares.

- **Ha decidido trasladarse a vivir a África con una pérdida de foco y capacidad de liderazgo:** Según Scott Galloway, el doble papel «lo vuelve totalmente incapaz de brindar la atención y el liderazgo» que Twitter necesita. Sin duda, no ayuda la decisión de vivir en África.

- **El 85% de su fortuna proviene de Square, mientras que sólo el 11% proviene de Twitter:** Con lo que su cabeza puede que esté más preocupada en el negocio de pagos que en el de Twitter[65]...

Scott critica desde la posición de inversor, pero también le duele la evolución porque realmente cree en Twitter: «A diferencia de Facebook, creo que Twitter es un bien neto para la sociedad».[66]

ESTRATEGIA PARA QUE TWITTER VUELVA A CRECER

Scott no sólo critica la actual gestión de Twitter[67], también propone soluciones radicales al estancamiento del negocio con los siguientes argumentos simplificados:

- **Twitter tiene un potencial enorme y registraría un aumento del 20% en valor, al pasar a un modelo de suscripción.** Además de limpiar la plataforma de bots, podría escapar de su dependencia publicitaria:
    - **El modelo de suscripción también tiene una gran ventaja: la identidad.** La gente es menos terrible/hater/cuñado cuando se identifica con su nombre y reputación.
    - **Las plataformas con publicidad están incentivadas para permitir los robots** y para promocionar los titulares engañosos que provocan más clicks (clickbait).
    - Scott lo resume perfectamente: «¿Recuerdas esa vez en que Netflix o LinkedIn realmente te cabrearon? Eso fue Twitter o Facebook».

- **La idea de fusionar contenido y el canal de distribución siempre parece buena:** Scott Galloway argumenta que Twitter podría adquirir CNN [68]y comenzar a dominar el espacio que ocupa. Este movimiento convertiría a CNN/ Twitter en el iOS de las noticias (más caro, pero de mayor calidad) y a Facebook/ Fox en Android.
    - Twitter probablemente poseería el 80% de la empresa combinada a pesar de tener un EBITDA aproximadamente equivalente.
    - Aunque esta estrategia no funcionó con AOL Time Warner[69]. Claro que era otra época y Twitter no es AOL...

TESLA, EN SU ESTRATEGIA DE TODO O NADA, AMPLIA CAPITAL CON EL PRECIO DE LA ACCIÓN EN MÁXIMOS

Los planes de Tesla **son recaudar hasta 5 mil millones de dólares en acciones nuevas que representan aproximadamente el 1,1% de la capitalización de mercado de Tesla**, es decir, un 1,1% de los más de 400 mil millones de dólares en los que está valorada la empresa en bolsa. Los analistas siguen diciendo que la acción está muy cara[70], pero en el pasado, las inversiones a corto (aquellas que invierten pensando que el precio baja) se pillaron los dedos varias veces en la escalada meteórica de la acción de Tesla, de ahí que haya menos detractores. La empresa de coches eléctricos es uno de los ejemplos citados, cuando se habla de burbuja en la bolsa tecnológica en estos dos últimos años.

A la vez, Tesla realiza una división de acciones (*split*) como la que acaba de realizar Apple[71], en este caso, en la que cada acción se convierte en 5, por lo que se precio se divide entre 5, **«permitiendo» a inversores minoritarios (o personas de la calle) entrar a invertir en la empresa.** Tesla aprovecha este momento, en el que el precio de las acciones se divide entre 5 y se ha generado un nuevo segmento de demanda de pequeños accionistas, para realizar la ampliación de capital.

Para poner la valoración de Tesla en perspectiva, lo mejor una gráfica de hace dos días de Statista[72]:

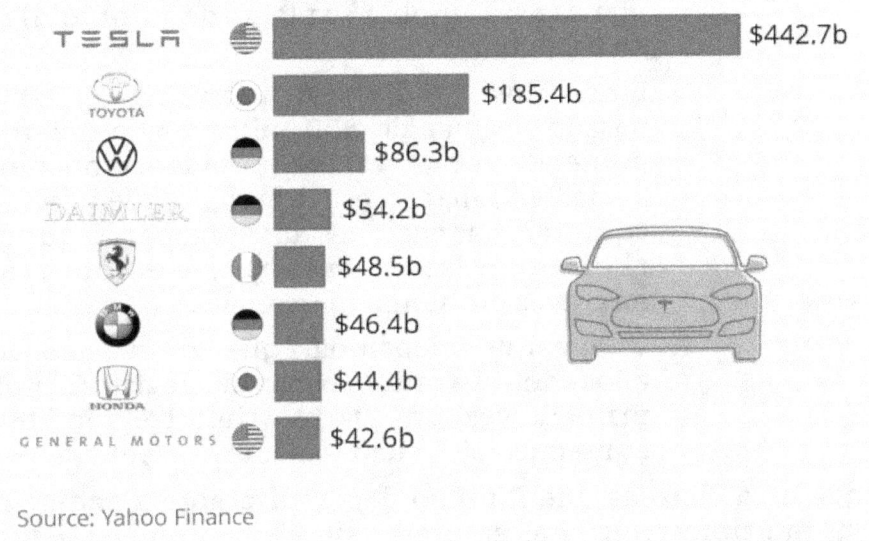

Otros factores a tener en cuenta:

- Tesla tiene una deuda de alrededor de 8.500 millones de dólares al final del último trimestre, a veces ha tenido problemas con la falta de liquidez[73], particularmente durante los períodos de expansión, cuando introdujo nuevos modelos y agregó capacidad de producción invirtiendo en nuevas fábricas y/o líneas de montaje.
- La estrategia de Todo o Nada de Tesla viene directamente de Elon y se pone de manifiesto en los siguientes aspectos:
    - La empresa **no pisa el freno en su expansión**

en la producción y las operaciones para coger aire, y eso son infartos de miocardio en la tesorería de la empresa. En julio, la compañía dijo que planeaba abrir una segunda fábrica de automóviles en Texas, Estados Unidos[74], y que la producción comenzaría el próximo año. Ya está trabajando en su primera planta de automóviles europea[75], en Berlín, y tiene planes para ampliar su planta de automóviles en Shanghái.

- Elon Musk pidió un préstamo el año pasado de más de 500 millones de dólares poniendo como aval sus propias acciones en Tesla.[76] Elon, con ese dinero, lo que hace es comprar más acciones de Tesla, por lo que si el precio de las acciones baja, se encontraría en graves problemas personales.
- Y hay que mencionar que en sus 17 de años de historia, acaba de registrar por primera vez un cuarto trimestre rentable consecutivo[77], cuando nadie lo esperaba.

Lo que está claro es que Elon no deja indiferente a nadie, ni en sus múltiples aventuras empresariales[78], ni en su vertiente política[79], ni en la personal[80].

LA ENCRUCIJADA DE INTEL EN LOS 80 QUE CASI HACE QUE DESAPAREZCA

Intel nace como rebelión interna de dos trabajadores de *Fairchild Semiconductors* que además, encuentran inversores como Arthur Rock, que marcan los primeros pasos del capital riesgo[81]. Intel es un ingrediente esencial en la explosión tecnológica de finales del sXX, pero estuvo de a punto de ser olvidada.

- **Intel es creada por Robert Noyce y Gordon Moore** (Sí, el de la ley de Moore[82]), cuando dejan Fairchild para fundar una empresa, que utilice el transistor para construir memorias sustituyendo los discos magnéticos.

- **Construyen la industria de memorias para los mainframes,** (ordenadores que ocupan habitaciones) antes de los ordenadores personales. Son una empresa espectacular durante los años 70 a nivel de ingresos, calidad y de cuota de mercado.

- **En los años 80, los competidores japoneses les superan** en capacidad de producción y costes, e Intel no tiene ninguna ventaja competitiva porque la memoria se ha comodotizado[83], y les reporta beneficios mínimos.

- **Durante una conversación entre los dos dirigentes más importantes, Moore y Andrew Grove, deciden pivotar de negocio,** pero una empresa que ya es un transatlántico, no vira rápido. Es fácil decirlo, pero les costó tal esfuerzo reconducir la cultura de la empresa, que tuvieron que despedir al líder del negocio de memoria y también ¡al que le sucedió!. Decidieron salir del negocio de las memorias (>90% de sus ingresos) [84] para invertir en las *CPUs* que, en aquella época, no existía demanda y por tanto, no había mercado. Apuesta arriesgada en 1984-85.

- **Las CPUs eran algo muy poco tangible por aquella época, pero los *PCs* estaban a punto de ser una realidad a partir de 1985.** Las primeras CPUs (8086, 8088, 8186, 8286) seguían siendo proveedores de empresas como AMD, pero viendo que seguían el camino de las memorias, decidieron cambiar de estrategia de comercialización...

- **A partir del 386 se «autoproclamaron» único proveedor de la plataforma x86 con 32 bits** (Ojo! que todavía tenemos arquitectura de 32 bits que dura hasta hoy en día). A AMD, que ya tenía un contrato de comercialización con Intel, se le permitió vender la tecnología x86, pero no se obligó a Intel a proveer las CPUs[85], es decir, AMD podía vender sólo si construía los chips internamente. Así que AMD tardó casi 6 años en hacer ingeniería inversa para sacar una CPU 386 y cuando salió al mercado...

- **Intel lanzó su famosa campaña «*Intel Inside*»** no sólo haciendo que el usuario pidiera marca Intel en la tienda, si no cubriendo el 50% los costes de marketing de todas las marcas de PC a cambio de que incluyeran «*Intel Inside*» en sus anuncios[86] y así barrió en los 90 a AMD.

Los ingresos de la compañía aumentan de 1.900 millones de dólares en 1987 cuando Andrew Grove se convierte en CEO después de que ya empezaron a vender la 386. La empresa genera más de 26 mil millones de dólares cuando se retira en 1998.

IBM HACIA LA NUBE, LA ÚNICA OPCIÓN PARA SEGUIR SIENDO RELEVANTE

IBM afronta un cambio en la ejecutiva para poder volver a reinventarse. Durante los últimos 8 años las ventas han caído un 25%[87]. Arvind Krishna[88] sustituye a Ginni Rometty[89] como CEO de la compañía.

- **Cloud es el futuro de la compañía:** IBM ha elegido el negocio de cloud (computación en la nube), segmento con más empuje[90] de la tecnología, como la clave del crecimiento de la empresa.
- **La compra de Red Hat apuntaló este nuevo camino:** La carrera hacia el cloud[91] tuvo su gran hito cuando IBM compró Red Hat por 33.000 millones de dólares[92], adquiriendo el gigante de software de código abierto (Open Source).
- **Red Hat más clave que nunca:** El que fuera CEO de Red Hat, Jim Whitehurst, ha sido nombrado Presidente de la compañía[93].
- **A IBM, de nuevo, le toca cambiar el paso:** IBM afronta su segundo cambio fundamental, el primero de HW a servicios[94]. Ahora es turno del cloud.

IBM is becoming a cognitive solutions and cloud platform company !
Like any othe transformation, it takes time...

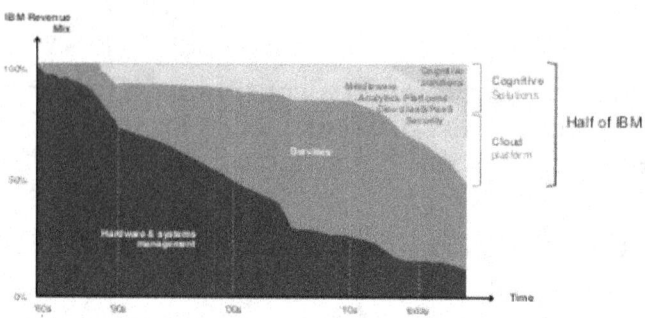

Fuente: Yves Van Seters, IBM, Slideshare

IBM SE DIVIDIRÁ EN DOS EMPRESAS A FINALES DE 2021

IBM va a separar sus servicios de infraestructura gestionada del resto de la empresa[95], cloud híbrida, plataforma e inteligencia artificial, así lo ha anunciado el CEO Arvind Krishna esta mañana.

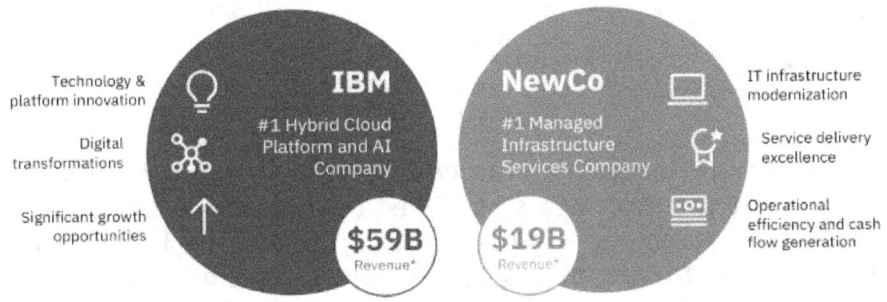

El objetivo es separar **el negocio de infraestructura IT de 19.000 millones** de dólares de ingresos, que se contrae y **tiene un margen bajo, debido a la presión de la nube y la automatización.** Con esta escisión, se consigue **resaltar el resto del negocio «nuevo»**: inteligencia artificial, cloud híbrida, etc. que representa 59.000 millones de dólares. De esta manera, el crecimiento y potencial de las nuevas líneas de ingresos no vienen lastradas por el negocio tradicional.

La parte escindida que todavía no tiene nombre «será inmediatamente **el principal proveedor de servicios de infraestructura gestionada del mundo**» en palabras de Krishna, con 4,600 cuentas, incluido aproximadamente el 75 por ciento de Fortune 100[96].

No ha sido ninguna casualidad la compra de Red Hat por parte de IBM, para centrar el tiro en la cloud híbrida[97] y abandonar su negocio tradicional.

Detalle de las dos empresas:

Two Market-Leading Companies

	IBM	NewCo
Strategic Focus	• Technology & platform innovation • Digital transformations • Significant growth opportunities	• IT infrastructure modernization • Service delivery excellence • Operational efficiency and cash flow generation
Scope	• Cloud & Cognitive Software, Global Business Services, Systems and Global Financing segments • IBM Public Cloud and TSS businesses of Global Technology Services segment	• Managed Infrastructure Services business of Global Technology Services segment
Revenue*	$59 billion	$19 billion
Capital Structure	Expected to maintain a single A credit rating	Targeting investment grade credit rating
Dividend Policy	Initial combined dividend level expected to be no less than IBM's pre-spin dividend per share	
Ongoing Relationship	Strong strategic relationship between IBM and NewCo	

*TTM revenue through June 30, 2020, adjusted to reflect estimated historical sales between IBM and NewCo

IBM **sabe lo que es dejar atrás negocios que le hace arrastrar los pies**, y en el comunicado su CEO así lo ha recordado: «Nos desprendimos del negocio de las redes en los 90, de los PCs en el 2000 y de los semiconductores hace unos cinco años, porque no todos ellos necesariamente formaban parte de la propuesta de valor integrada».

Las acciones después del anuncio han subido un 6%…

APPLE CONSTRUYE SUS PROPIOS PROCESADORES. LAS 5 COSAS QUE HAS DE SABER Y LAS 5 PREGUNTAS QUE TE DEBES HACER:

Al final se ha confirmado[98]: Apple está llevando su tecnología de procesador ARM a las computadoras de escritorio[99], dejando a Intel en la estacada. Esto tiene implicaciones a varios niveles:

- **Apple lleva realizando CPUs basadas en ARM los últimos 10 años para iPhone, iPad y accesorios como Airpods o Apple watch:** Con lo que no es un movimiento radical, es extender la estrategia tecnológica de integración vertical a la última pieza del puzzle, los ordenadores[100]. ¿Es un paso más en la conversión de Apple en una marca de lujo, intentarán extender su cuota de mercado o lanzaran nuevos productos que hasta ahora no eran posibles?

- **Software y hardware irán de la mano y serán diferenciales en la experiencia de usuario**: Si te preguntabas porque iPhone tenía una experiencia que no se degrada como la de Android con diferentes actualizaciones[101] es, entre otras cosas, porque el código ha sido diseñado sobre su propio hardware y viceversa. Ahora bien, al haber menos economías de escala, la CPU debería ser más cara y el rendimiento de las CPUs evolucionará diferente que el de sus competidores, para bien o para mal. ¿Se centrarán sólo en mejora de rendimiento o nos tienen preparados grandes cambios de experiencia hasta ahora limitados por el procesador?

- **La integración entre apps de iPhone/ iPad con los ordenadores será inmediata:** Habrá que ajustar algunos temas de rendimiento y obviamente, falta de componentes que existen en los móviles y no en los ordenadores. No sabemos si Apple ambiciona el sistema operativo único, pero la capacidad de tener aplicaciones multiplataforma ya está aquí, lo cual ayuda a la Mac Store, el patito feo de las *stores* (tiendas). ¿Es un movimiento para que los desarrolladores sólo programen una vez, tanto para móvil como PC, o nos estamos perdiendo la verdadera ambición a largo plazo?

- **El rendimiento actual ya es impresionante:** Los analistas estimaban un proceso de transición de al menos 18 meses, [102] pero Apple ha demostrado sacar el máximo rendimiento en programas que así lo necesitan, como videojuegos o edición de vídeo, mucho antes de lo esperado.

- **Apple, aun así, espera que haya un periodo de transición y ha preparado a su comunidad con las herramientas adecuadas:** Tanto para desarrollar en la nueva arquitectura, como para hacer que el software que no está desarrollado en base a la nueva arquitectura, pueda funcionar con un rendimiento más que aceptable. ¿Abrazarán todos los desarrolladores la nueva arquitectura o se quedarán con el emulador?

Por cierto, todo empezó con Intel perdiendo el tren del iPhone[103], quedándose sin desarrollar las CPUs para móviles, una ola que ya nunca pudo coger.

LAS POLÍTICAS OPRESIVAS DE APPLE STORE SE HACEN PÚBLICAS Y TANGIBLES

Apple amenaza con eliminar Hey.com[104] de la App Store si el nuevo servicio de correo electrónico[105] de los creadores de Basecamp, no comienza a ofrecer una suscripción dentro en la aplicación y a compartir una parte de sus ingresos con Apple, según David Heinemeier Hansson, el CTO de Basecamp.

- **Los desarrolladores con modelos de negocio de subscripción intentan evitar la tasa de Apple**, que cobra un 30% de los ingresos en compras y suscripciones generados dentro de la aplicación, por lo que los desarrolladores intentan evitar registrar usuarios dentro de su aplicación, mientras que Apple quiere forzar a que los servicios ofrezcan adquirir productos siempre que sea posible[106].

- **Mejor forzar a los desarrolladores a que activen compra *in-app* (dentro de la aplicación) que darles razones para que lo hagan:** Debe ser que la venta a través de Apple Store no tiene mejores ratios de conversión que intentar llevar a los usuarios a la web y que conviertan allí. O al menos, a las empresas les compensa hacer que los usuarios pasen ese proceso extra. Igual Apple debería enfocar sus esfuerzos en otra dirección...

- **Apple va a ser demandada en la UE por prácticas abusivas:** Coincidencia que la noticia saliera ayer a la escena internacional[107] y hoy aparezcan las declaraciones del CTO de Basecamp... Ahora brilla un poco menos la generación de riqueza para desarrolladores [108]de la que Apple se enorgullece y utiliza como argumento para defenderse de las demandas de prácticas abusivas.

- **Basecamp no son cualquier desarrollador, son los

evangelistas del trabajo distribuido: Basecamp [109] aparte de ser una herramienta de gestión de equipos, son una startup que llevan escribiendo sobre cómo crear una cultura de trabajo sana[110] y distribuida en remoto[111] durante años.

- **Y no son los únicos que se quejan**. Los creadores de Fortnite, Epic Games, también criticaron [112]el enfoque de Apple, mientras que Spotify tiene un sitio web donde [113] enumera sus problemas con la compañía de la manzan. La empresa dueña de Tinder, Match Group, lo define de una manera más directa «Apple exprime las industrias[114]»

EL FIN DE SEMANA EN EL QUE FACEBOOK CAMBIO SU FUTURO COMPRANDO INSTAGRAM

Ya todo el mundo conoce que Instagram es una parte increíblemente importante del ecosistema de Facebook: más del 25% de los ingresos de la compañía[115]. Pero los detalles de la adquisición y los primeros años de integración son un ejemplo increíble de como integrar un negocio.

- **En 2012 Instagram era la aplicación que crecía a un ritmo espectacular:** Instagram se lanzó el 6 de octubre de 2010. En diciembre de 2010, solo en 3 meses Instagram ya tenía 1 millón de usuarios registrados. En junio de 2011, Instagram anunció que tenía 5 millones de usuarios, y superó los 10 millones en septiembre de 2011[116]. Instagram comenzó 2012 con unos 15 millones de usuarios. El 3 de abril alcanza 30 millones de usuarios registrados en iPhone. El 4 de abril lanza en Android y tiene 1 millón de altas el primer día, y en 5 días llega a 5 millones de usuarios en el entorno Android.[117]

- **La empresa levanta en una ronda de 50M de euros a una valoración de 500M:** El 9 Abril Instagram de 2012 cerró una ronda de 50 millones de dólares [118] (serie B) liderada por Sequoia, Greylock y Benchmark con una valoración de 500 millones de dólares.

- **Twitter se da cuenta del potencial de la compañía y lanza una oferta de 525 Millones de dólares**: Twitter se da cuenta que Instagram puede ser el carro al que subirse para aumentar su potencial y competir de tú a tú con el resto de competidores. La oferta de más de 500 millones de twitter[119] iguala la valoración de la ronda que acaba de firmar.

- **Facebook en ese momento está apostando en el**

- **móvil con HTML5 en vez de aplicaciones nativas móviles:** Facebook es consciente de la ola móvil está cambiando el panorama, pero si la web pudo con las aplicaciones nativas en el pc, Mark Zuckerberg piensa que lo mismo puede ocurrir en el móvil. Aunque después de la adquisición, rápidamente enmiendan el error[120] y cambian a aplicaciones nativas para ofrecer la experiencia móvil.

- **Además, Facebook está en el roadshow a inversores ya que va a salir a bolsa ese mismo año:** Todas las miradas de la bolsa ese año estaban puestas en Facebook donde la solidez del negocio todavía estaba puesta en duda...[121]

- **Mark Zuckerberg ve un futuro competidor y un caballo ganador en móvil y ofrece 1.000 millones de dólares por Instagram**: El mismo 9 abril Mark conociendo a) la oferta de Twitter y el riesgo que conllevaba, b) el crecimiento de Instagram y c) los retos de su propia compañía en el entorno móvil lanza una oferta de 1.000 millones de dólares por Instagram combinando dinero en metálico y acciones.

- **La estrategia de integración convence a los fundadores de Instagram:** Mark, durante una cena en su casa, les propone que ellos sigan siendo un producto separado con tiempo para entender cuál es su futuro modelo de negocio y con un roadmap propio para la evolución de las funcionalidades. Les propone seguir siendo dueños de su propio destino. Este tipo de decisiones tan rápidas solo las pueden tomar las empresas en las que el fundador tiene gran parte de la propiedad y del control...

Ese es el comienzo de la apuesta de Mark Zuckerberg que ve una compañía exitosa mediante varios productos, en vez de apostar por un producto que absorba al resto, estrategia que llega hasta nuestros días con Whatsapp, Facebook e Instagram como aplicaciones y productos separados.

LA VENTA DE WHATSAPP: LOS CELOS FUNCIONAN

La compra de Whatsapp[122] por parte de Facebook fue un hito en el mercado de adquisiciones en empresas de tecnología, tanto por el precio pagado por una empresa sin modelo de negocio como por medir cada dólar invertido en la compra por cada empleado de la empresa adquirida [123].

- **Zuckerberg personalmente apostó por el movimiento desde el principio:** En la primavera de 2012, Mark Zuckerberg envió un email con el asunto ¿Nos juntamos? (*Get together?*)[124].

- **Una operación de espalda frustró la compra por parte de Tencent:** miles de millones de un solo dígito. El acuerdo estaba bastante avanzado[125] y estaba previsto que Pony Ma, el CEO, fuera a California para finalizar el acuerdo, pero tuvo que someterse a una cirugía de espalda y retrasó el viaje.

- **El tercero en discordia, por supuesto, Google:** Ya sea como maniobra de negociación, pero Jan, Brian y Jim, quedaron con Sundar Pichai (actual CEO de Google que llevaba Android en ese momento). Montaron una reunión con Larry Page[126] para el martes 11 de febrero de 2014.

- **Las ventas se pueden gestar en una única cena:** Mark se entera de la reunión con Larry y se adelanta invitando a cenar la noche de antes[127] (10 de febrero), para en una velada, cerrar los términos importantes de la compra. En esa cena, cierran la compra de Instagram, por parte de Facebook.

NORTH FACE Y PATAGONIA SUSPENDEN SU INVERSIÓN EN FACEBOOK Y EL BOICOT SE VUELVE MUY REAL

La semana pasada (junio 2020) veíamos como Dentsu, una de las grandes agencias de medios, escribía un mail a sus clientes alentando al boicot de la plataforma de publicidad de Facebook[128]. Facebook ha sido la red social más tibia en sus respuestas ante su capacidad de filtrar discurso político, y por tanto, luchar contra la polarización del mensaje político cuando en plena protesta *#blacklivesmatter*. Ahora la presión crece con marcas retirando sus inversiones en Facebook y haciendo público su apoyo al movimiento de boicot.

- **Tres grandes marcas americanas de Retail ya han hecho público su apoyo al boicot:** North Face[129], Patagonia [130]y REI[131] suspenden temporalmente su inversión en la plataforma de Facebook. Retailers más pequeños[132] también se han sumado al boicot.

- **El boicot empieza con el impulso de 6 grupos de derechos civiles la semana pasada** entre ellos la Liga Anti-Difamación y la NAACP, instando a los vendedores a dejar de comprar anuncios en Facebook, utilizando el hashtag #stophateforprofit[133] (detengamos el odio como fuente de ingresos), en un intento por presionar a Facebook para que tome medidas más firmes contra el discurso de odio[134] y otros materiales dañinos.

- **Todas las plataformas de publicidad están bajo lupa en este año de elecciones en EE.UU:** Todas han decidido auto-regularse ante el contenido político y la verificación del contenido subido a la plataforma[135]. En el caso de Facebook las asociaciones civiles piensan que están jugando en un gris peligroso para no dañar sus ingresos pero permitiendo contenido, incluso político,[136] que incita al odio

- **En el corto plazo, no es un riesgo económico para Facebook, pero sí de reputación, en el largo plazo en cambio el futuro está todo abierto:** Normalmente los boicots rara vez representan pérdidas significativas de ingresos para la compañía, que registró casi 70 mil millones en ingresos publicitarios el año pasado. Ahora bien la reputación de un Facebook, que no se quiere mojar, le puede salir caro en el largo plazo.[137]
- **Actualización:** Eddie Bauer, Magnolia Pictures, Ben & Jerry's también se unen al boicot.[138]

LAS 5 PETICIONES CLAVE QUE HA DE CAMBIAR FACEBOOK SI QUIERE QUE ACABE EL BOICOT

Se ha hecho pública una auditoría sobre el comportamiento de Facebook[139] sobre la discriminación y los mensajes de odio. Ya hemos visto que algunos de los anunciantes más importantes del mundo han retirado su publicidad de Facebook[140], como por ejemplo Unilever, Coca-Cola, Starbucks, Lego y Pepsi. Como resultado, el valor de Facebook ha disminuido en 60 mil millones de dólares en tan solo unos días. La auditoría resalta 5 temas clave[141] que Facebook debe afrontar más pronto que tarde si no quiere que el boicot se convierta en un agujero real[142] en sus ingresos.

- **Verificación de hechos y rigor sobre la información en las votaciones:** Facebook no realiza ningún tipo de control sobre la diseminación de noticias falsas que pueden incluso llegar a confundir a votantes de como registrarse (en EE.UU) para votar

- **Los derechos civiles deben ser priorizados dentro de la empresa:** Facebook no tiene interiorizado el tipo de enfoque adecuado para que los derechos civiles de los usuarios sean prioritarios en las decisiones. La auditoría aconseja no solo que la compañía fiche a un líder de derechos civiles, si no que actualice sus procesos internos para asegurar que los usuarios son protegidos ante vulneración de sus derechos

- **Detectar y filtrar los mensajes de odio necesita más recursos:** Ya sea en forma de dinero, o personas. Las minorías son los más afectados por estos grupos. La auditoría recomienda a Facebook que debería entender cuánto tiempo lleva eliminar esos mensajes y si cuesta más en algunas minorías que en otras.

- **Facebook prohibió el nacionalismo y supremacismo**

blanco el año pasado, no es suficiente: Los auditores celebran la prohibición como un primer paso para identificar y eliminar grupos que alientan el odio ya se autodefinan o no supremacistas.

- **Los algoritmos estarán sesgados siempre por los datos con los que se entrenan:** La auditoría recomienda mejores prácticas para evitar los sesgos por el diseño y el entrenamiento de los algoritmos tanto que tipo de contenido se muestra como a qué tipo de usuario.

EL DÍA DESPUÉS: QUE HAY QUE TENER EN CUENTA EN LA ADQUISICIÓN DE SLACK POR PARTE DE SALESFORCE

Los rumores se han disipado en cuestión de dos días, Salesforce se ha hecho con Slack comprándolo por un valor de 27,7 mil millones de dólares[143]. Parece que las conversaciones estaban más avanzadas de lo que se podría pensar.[144]..

Ahora toca hacer una primera valoración, aunque seguro que no la última.

- **La fusión de software más grande desde que IBM acordó comprar Red Hat a fines de 2018** por 34 mil millones y crea un gigante de la nube que puede competir mejor con Microsoft[145].

- **Los accionistas de Slack han hecho un buen negocio:** Los accionistas de Slack recibirán el equivalente a 45,86 dólares por acción, incluidos 26,79 dólares en efectivo. Esto representa una prima del 55% sobre el precio de negociación de Slack, antes de que se filtrase el rumor de la adquisición. Hay que tener en cuenta que Slack debuta en 2019 con un precio de 38,50 dólares. Así que, incluso los que compraron en el momento del debut, siguen consiguiendo una buena prima.

- **El acuerdo aún necesita aprobaciones regulatorias** y es un golpe al ejemplo de competir contra las grandes empresas tecnológicas, ya que el responsable de la defensa de la competencia del Departamento de Justicia, Makan Delrahim había puesto a Slack como ejemplo para competir contra los grandes.[146]
    - Aunque ya sabemos que las grandes empresas compran empresas más pequeñas en rápido crecimiento bien para innovar[147] bien para evitar la competencia a medio plazo[148].

- **Aaron Levie, CEO de BOX: «Este es el nuevo 'sistema operativo' de los trabajadores de las empresas** conectando el front office, back office y los clientes en una sola plataforma», así lo ha descrito con gran acierto en su blog[149]. Salesforce está construyendo una alternativa a la plataforma de Office, comenzando desde la fuerza de ventas y llegando a todo tipo de roles dentro de cada empresa con cada producto que añaden.

- **Salesforce ofrece su potente canal de distribución al negocio creciente de Slack:** El segmento de mercado más complicado para Slack son las grandes empresas, y ahí es donde Salesforce tiene el mayor encaje, ya que la fuerza de ventas a grandes empresas es uno de sus puntos fuertes.

- **No olvidemos que este también es un buen negocio para Salesforce**: Slack proporciona ingresos de 1.000 millones de dólares, que están creciendo un 40% con márgenes brutos del 85% y un flujo de caja positivo. Si duplican esos ingresos con su músculo de ventas y distribución, que no parece un objetivo imposible, comienza a parecer un precio hasta barato.

Tanto Slack [150] como Salesforce, estaban en competencia directa con Microsoft, y son productos muy compatibles. Estas dos razones ya podrían ser suficientes, pero además la apuesta del CEO, Marc Benioff, **pasa por convertirse en una plataforma vertical para los nuevos retos de los trabajadores**. ¿Ha evolucionado Office al ritmo que lo han hecho sus competidores verticalizados y los nuevos roles?

Empresas emergentes

TENCENT ES EL GIGANTE CHINO QUE DEBERÍAS CONOCER EN DETALLE

Incluso para los que conocen Tencent seguro que hay partes de su negocio que no son tan conocidas:

- **Es el dueño del Whatsapp chino, WeChat**: una plataforma de mensajería, lanzada en 2011, que comunica a todo el mercado chino. La evolución de WhatsApp ha sido diferente.
    - Con WeChat podemos pedir un taxi o comida a domicilio, hacer la compra, leer las noticias, enviar dinero o realizar transferencias y por supuesto, pagar en un establecimiento.
    - Tencent ha creado un ecosistema para que terceros se integren con su funcionalidad, cosa que en occidente podemos ver por ejemplo en Alexa, el asistente de voz. Los usuarios **no abren la tienda de Google o la de Apple, abren WeChat y ahí tienen todo lo que necesitan**. Las otras apps son mucho menos importantes para los usuarios chinos.
    - Si hay una necesidad en el ecosistema que no está cubierta por ningún socio, entonces la crean ellos mismo como WeBank.
- **Tencent ve qué startups están creciendo más en su plataforma, con lo que elige las inversiones** con información propia, asegurando mejores inversiones porque limitan el riesgo de fracaso, como por ejemplo, Pinduoduo[151]. Funciona como un fondo de inversión en startups, pero entendiendo el negocio, o como el tiburón que elige qué rémora alimentar.
- Tencent elige con qué empresas comparte la **funcionalidad** cuando la está probando (fase beta). Una gran ventaja para esas startups, que tienen acceso antici-

- pado a esa funcionalidad, que normalmente, suelen ser las invertidas por la compañía china.
- Pero **Tencent además invierte en empresas consolidadas, como Tesla** (5%) o **Universal Music** (10%).
- Obviamente **Tencent es una súper empresa de videojuegos**. Primero fue inversor en Riot en 2011, para luego adquirirla en 2015, con lo que es el dueño del LOL (*League of Legends*), además de ser inversor estratégico en Epic Games[152], el creador de Fortnite y del motor de videojuegos Unreal Engine. También entró en el accionariado de SuperCell[153], y aquí estamos hablando de *Clash of Clans*. El apetito sigue con Ubisoft (*Assassins creed* and *Far Cry*) o herramientas para el ecosistema de jugadores online como Discord[154].

Por supuesto, como toda empresa china, hay una relación simbiótica con el gobierno, ya que las reglas del juego son diferentes en este país.

SPOTIFY QUIERE CONQUISTAR SU INDEPENDENCIA A BASE DE COMPRAS

Sabemos que el principal riesgo de Spotify como negocio es el precio que tiene que pagar a las discográficas que son dueñas de su principal producto, las canciones. Y se ve claro con datos del peso que tienen:

- Las discográficas se llevan el 52% de los ingresos generados por la música en el servicio de Spotify[155].
- Esto significa que son 3 puntos porcentuales menos de lo que las mismas discográficas se llevan en Apple Music[156]. La presión aumentará.

¿Cómo está luchando Spotify para minimizar su dependencia de las discográficas?:

• Por un lado, **generando ingresos por el servicio, pero no por la música**. La diferencia entre el plan familiar y las cuentas individuales, por ejemplo, son ingresos no asociados a la música que escuchas.

• Y, por otro lado, inspirándose en el modelo Netflix de **producción de contenido propio**. El modelo de la compañía de Reed Hastings, bajo la lupa de los mercados, parecería difícil de replicar en la música. Spotify lo está intentando si nos basamos en las últimas adquisiciones.

Adquisiciones de Spotify en 2019:

2019 ha sido un año de compras para hacer crecer su contenido propio tanto en música[157] como en podcast:

- Gimlet Media[158], startup de *podcasting* narrativo sobre negocios, música…
- *SoundBetter*[159] es un marketplace adquirido por Spotify[160] que ofrece para nuevos artistas dentro del entorno Spotify que buscan servicios de producción.

- *Parcast*, fundada en 2016 y comprada por Spotify en 2019, ha lanzado dieciocho series *premium* (podcasts de asesinatos sin resolver, asesinos en serie; alucinante el nicho de los casos por resolver en el podcasting desde el éxito de Seria). El objetivo de Parcast será continuar desarrollando sus contenidos exclusivos para Spotify[161].
- Anchor[162], como herramienta de creación de podcasts, permite que cualquiera pueda grabar o cargar audio de alta calidad, alojar episodios ilimitados y distribuirlos a todas partes con solo un clic.

Ahora salta la noticia de que Spotify entabla las primeras conversaciones[163] para comprar The Ringer[164], startup fundada en 2016 por el ex comentarista de ESPN Bill Simmons, con más de 30 podcasts sobre deportes.

La apuesta sobre el contenido propio y, más concretamente en podcast, parece ser el elemento central sobre el que Spotify quiere hacer pivotar su independencia de las discográficas, a la vez que trata de aumentar la relación con los usuarios.

EL ÚLTIMO PASO DE SPOTIFY PARA EMULAR LA EXPERIENCIA DE USO DE LA RADIO:

El negocio de Spotify ha sido siempre la distribución online (streaming) de música, y quieren construir su libertad con el negocio del podcast. Ahora bien, la experiencia de una radio comercial parece que no estaba disponible en digital, ya que los podcast son programas principalmente de conversación entre personas, mientras que la música se hacía mediante búsquedas, listas de canciones (playlist) y recomendaciones. Spotify va a permitir crear la experiencia de radiofórmula juntando ambos mundos.[165]

- **Spotify te permite crear tu propio podcast de música en el que el creador pone el contenido,** digamos que hace de DJ, y luego enlaza las canciones de Spotify. Con lo que tiene un catálogo amplísimo de canciones, tiene un canal de distribución y no se tiene que preocupar por los derechos. De esta manera cubre las tres grandes limitaciones existentes, si quieres convertirte en un periodista musical o crear una radio (que casi nadie se lo planteaba).

- **Spotify también hace posible que cualquiera use el formato para crear un podcast lleno de música,** a través de una integración con la propia aplicación de podcasting DIY de Spotify, Anchor[166].

- **MultiVersial ha preguntado a expertos del sector que no lo ven tan relevante:** Fuentes del sector comentan que antes podías hacer lo mismo pagando a la SGAE (o el gestor de derechos correspondiente en cada país). «Venden esto como novedad porque ante inversores es redoblar la apuesta de «más contenido más barato» pero como negocio hay poquísima novedad», «En ivoox [167](España) o en Pandora & iheartradio [168] (USA) son diez años con ese modelo».

Lo que está pasando es que Spotify tiene que pagar más del 50% de los ingresos [169](no del beneficio) a las discográficas, y eso no le hacer volar alto como empresa. Así que tiene que buscar otras fuentes de ingresos que no tengan ese coste y su apuesta es el Podcast[170].

PINDUODUO, EL EJEMPLO DEL COMERCIO «SOCIAL»

Pinduoduo se lanzó en 2015 por Colin Huang un ex-Google[171], cuando nadie apostaba por una nueva plataforma comercial en China. Dos importantes plataformas de comercio electrónico, JD y Taobao / TMall (submarcas de Alibaba), dominaban el comercio en línea en China (generando negocio 433 mil millones de dólares), al igual que Amazon domina en los EE. UU. **Cinco años más tarde, Pinduoduo está desafiando a los dos incumbentes de tú a tú,** con una base de clientes activa de 585 millones de personas, que generó en compras en la plataforma más de 144 mil millones de dólares en los últimos doce meses[172]. En 2020, es la segunda plataforma de comercio electrónico más grande de China sobre una base de usuarios activos, solo por detrás de Alibaba.

- **La compra en grupo como manera de crear comunidad:** El núcleo de la experiencia Pinduoduo es la compra en grupo, donde los compradores forman un grupo para recibir descuentos de los proveedores[173]. El tamaño del grupo al inicio era de 10 personas y se ha ido reduciendo con el paso del tiempo. La diferencia con un modelo como el de Groupon se basa en:
    - tipo de artículos (frutas y verduras vs experiencias únicas).
    - los grupos en el caso de Pinduoduo están iniciados y administrados por los usuarios y no por el servicio.
    - y los vendedores de Pinduoduo son de todo el mundo mientras que en Groupon son tiendas cerca del usuario.
- **Compras recurrentes y funcionalidad para aumentar el uso de la aplicación**: Los productos en venta eran frutas y verduras, productos perecederos con alta frecuencia de compra, lo que fomentó la recurrencia en el uso de la aplicación[174]. Además, el usuario se

veía recompensado con dinero acumulado por acceder a la plataforma diariamente (*check-in*).

- **El crecimiento de la base de usuarios en el centro del producto:** Tanto la compra en grupo, como el precios chop (precios que descienden a medida que el usuario comparte links para que más usuarios se den de alta o interactúen[175]) están diseñados para que el usuario comparta su experiencia con su red de amigos. Eso ha hecho un crecimiento explosivo del servicio en 5 años.

Esta compañía es un ejemplo de crecimiento exponencial, pero todavía está por demostrar que sea un buen negocio, y noticias como que el CEO vende su participación y deja la compañía[176] sin duda no ayudan a demostrarlo.

ENTENDIENDO A EPIC GAMES, CREADOR DE FORTNITE, PARA COMPRENDER SU BATALLA CON APPLE

Epic Games, aparte de ser el creador de Fortnite, es una empresa que durante 22 años no ha necesitado inversión externa para realizar grandes videojuegos y sacar al mercado uno de los mejores motores de videojuegos que grandes compañías utilizan para realizar sus juegos (*Unreal*). En 2018, se le suponen 3.000 millones de beneficio[177]. Pensar que sólo son videojuegos es un error, porque son considerados como el principal potencial disruptivo de Netflix y Facebook[178] en el largo plazo. Esto se puede intuir en los conciertos que ha dado Fortnite en directo durante la pandemia[179] con millones de espectadores (¿Os acordáis de *Second life*[180]?). Toda la evolución de Epic es consecuencia directa de su fundador y CEO, Tim Sweeney, quien piensa que las empresas que componen cada industria deberían colaborar en beneficio del usuario y no competir…

Estudiemos su modelo de negocio a lo largo de los años:

- **Epic Games desarrolla herramientas para otros estudios de videojuegos (lo que se denomina motor de videojuegos)** como *Mass Effect* (toda la saga) o *Bioshock*, grandes éxitos de la industria del videojuego o grandes éxitos multijugador que son casi redes sociales como Roblox[181].

- A la vez también **crean y publican videojuegos desde el comienzo de su carrera como** *Fortnite* o *Gears of Wars*.

- Realizaron **un cambio de modelo como editor (*Publisher*)**, pasando de lanzar un juego cada año, como el FIFA, a un modelo de juego como servicio, que cuentan con una comunidad de jugadores que va creciendo con el juego, como League of Legends.

- En **2017 lanzan Fortnite, siendo un éxito absoluto tanto en número de usuarios**, como en tiempo jugado.

Fue uno de los primeros juegos en que usuarios de diferentes plataformas podían jugar juntos. Se estima que el año después del lanzamiento del juego, sólo los usuarios de iOS estarían generando 1.23 millones de dólares al día,[182] de los cuales Apple, por ser la plataforma de venta de productos virtuales, se lleva un 30% (parte de la guerra actual).

- **En 2018, lanzaron Epic Games Store, una tienda online de videojuegos** donde dan distribución digital a juegos independientes y comerciales. La tienda online hace que compitan con Valve, no sólo en el motor de videojuegos sino también en la distribución de los mismos. La principal característica es que, en vez de quedarse un 30% como hace Valve (o App Store de Apple), se quedan un 12%[183].

- **En 2019, publicaron *Epic Online Services* (EOS), con los que ofrecen la funcionalidad de amigos, trofeos, clasificaciones,** etc. para juegos multijugador, que son necesarias independientemente del juego que construyas. *Steam* de nuevo, tiene su propio set de funcionalidad, pero EOS no está atado a la tienda de Epic, con lo que lo puedes utilizar en todas las plataformas donde tienes publicado el juego. Este lanzamiento sigue la visión de la empresa y además, se diferencia de su principal competidor.

- En **2020 han presentado Epic Games Publishing,** donde ofrecen todo su conocimiento para lanzar y promocionar videojuegos. Pero sobre todo como parte del acuerdo, ofrecen financiar a desarrolladores independientes hasta el 100% de los costes de desarrollo, incluidos los salarios de los empleados, y dividir las ganancias 50/50, una vez cubierta la inversión[184]. Además, los desarrolladores conservarían el «control creativo total» y la propiedad al 100% de su propiedad intelectual. Pocos editores ofrecen ahora mismos estos términos sobre todo a desarrolladores indies.

- En 2020, **Epic han eliminado la licencia del motor de videojuegos si tus ingresos brutos son inferiores a un millón de dólares**. Lo que convierte la licencia en gratuita para todos los desarrolladores independientes, y compitiendo así directamente con Unity, a punto de salir a bolsa[185].

Entender en detalle la filosofía de Tim y por tanto, de la compañía, es clave para entender el histórico que hemos repasado:

- El objetivo de Sweeney, en otras palabras, no es asfixiar a la competencia, ni siquiera impulsar la participación de Epic en las ganancias de los juegos. **Lo que quiere es impulsar la propia industria**[186]:

  «El beneficio de Epic es que gestionamos juegos. Tenemos uno de los más grandes del mundo y, como resultado, tenemos un montón de amigos de Fortnite. También podemos ayudar a empujar la industria como un grupo de empresas que colaboran juntas para llegar a los usuarios en vez de luchar entre sí. El peor término consecuencia de internet es ser -dueño del cliente- ¡El cliente es dueño de sí mismo! Lo siento así al leer la Carta Magna (americana). Nuestro objetivo es ayudar a todos los desarrolladores de juegos a hacerlo de la forma que hemos hecho con Fortnite» TIM SWEENEY

  - Por tanto, uno de los objetivos que se desprenden de la misión de la empresa es que **los desarrolladores no estén encerrados en un solo ecosistema**, tal y como Valve fuerza en los servicios online que ofrece sólo para su tienda, o las diferentes plataformas (Xbox, PS, PC), que no permiten que los usuarios de cada plataforma jueguen al mismo juego juntos.
  - Sweeney también ha declarado pública-

mente que **Android es un «sistema abierto falso[187]»**, señalando que los usuarios *pueden* descargar aplicaciones desde fuera de Google Play Store e incluso descargar tiendas de aplicaciones de terceros, pero Google deliberadamente hace que esto sea increíblemente difícil y no sólo no lo promueve, si no que advierte a los clientes que no lo hagan por los peligros que representa. Sweeney obviamente considera a **Apple, que no permite descargas fuera de la tienda de aplicaciones, «incluso peor[188]»**.

- Su visión sobre cómo debería ser internet la define como **el metaverso donde todos los servicios estén interrelacionados, en vez de levantar muros entre servicios para mantener los usuarios «encerrados»**. El ejemplo que describe es que usuarios de sus juegos puedan moverse a hablar o jugar a Roblox, que puedan utilizar indistintamente las monedas y los accesorios virtuales. Es una concepción mucho más cercana al internet abierto del sXX, pero con una experiencia de usuario y potencial de sinergias entre servicios que hasta ahora no hemos visto.

Su **estrategia de crecimiento de compañía es muy particular,** ya que es un ejemplo de *bootstrapping* (creación y crecimiento de compañía sin inversión externa), hasta que en 2012 cambian la marcha con inversión externa:

- Después de 22 años y con el paso a «Juego como servicio» en mente, **se alió con el gigante chino Tencent**. Tencent, creador de LOL (*League of legends*), además del dinero, ha aportado el conocimiento para la reconversión de EPIC en lo que su CEO denominó «Epic 4.0», el comienzo de los juegos como servicio. El fundador, Tim Sweeney, nunca ha perdido el control de la compañía. Con esto, se aseguró el capital necesario para pasar de Publisher al nuevo modelo de negocio.

- Incluimos algunos detalles sobre la financiación de la empresa:
    - **Ha tenido dos rondas grandes de inversión**, en 2012 Tencent que puso sobre la mesa 330 millones de dólares[189] por el 40% de la compañía, con esto consiguieron eliminar la cuota mensual por el motor del juego[190], un elemento básico en su evolución.
    - En sept 2018, la compañía levantó una segunda ronda de 1.250 millones de dólares[191] (el año en el que los beneficios fueron 3.000 millones) con una valoración cercana a los 15.000 millones de dólares.

Todo lo explicado hasta ahora, se puede resumir en un flywheel (círculo virtuoso) muy bien construido por MatthewBall[192]:

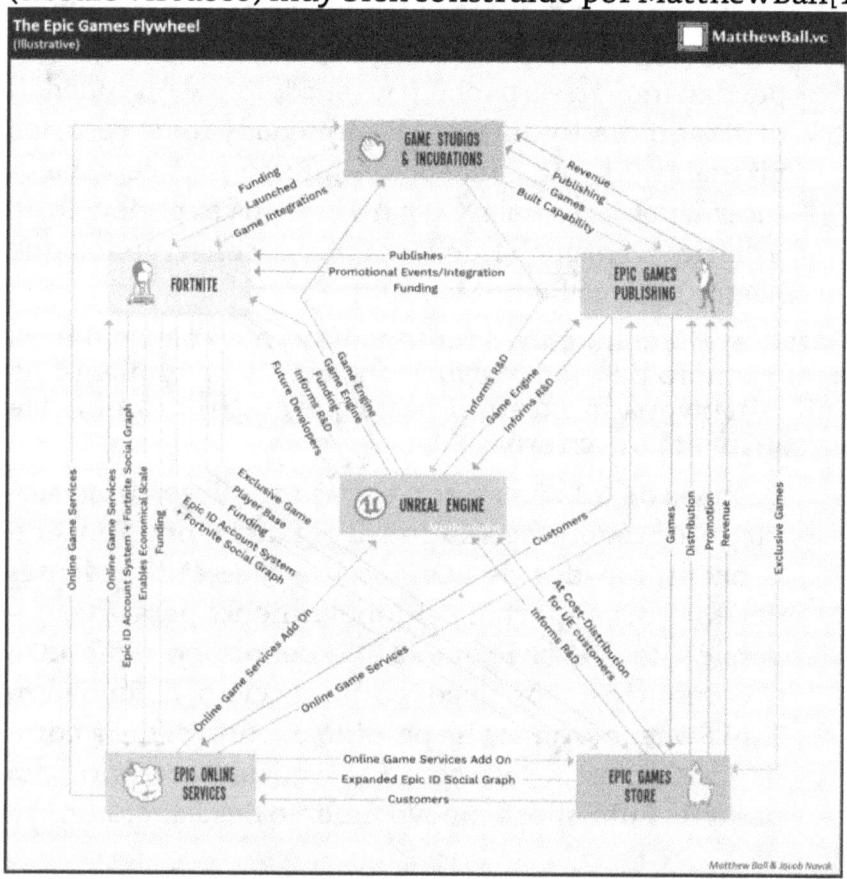

Bola extra: Epic es la viva imagen de la tendencia, que uno de los mayores fondos de inversión tecnológica, a16z, describe como gran tendencia[193]:

	Old-school Games	Next Generation Games
Product	Content	Social network
Business model	Single transaction	Games-as-a-service
Platform	Console | PC | mobile	Cross-platform + cloud
Marketing	Traditional / retail	Influencer / social channels
IP	Published by 3rd parties	Self-published & owned
Content	Developer-driven	Player-driven (UGC / mods)

LO ESTÁ PETANDO Y USTED NO LO SABE: TIKTOK

Si no conoces TikTok, significa que o bien no eres un adolescente, o bien no conoces la última ola digital. La app de vídeos cortos propiedad de ByteDance[194], la empresa china que compró Musical.ly (después de su adquisición[195] en 2017), es la última revolución en las plataformas sociales[196].

- **Comenzó como una app para hacer vídeos musicales emulando a tus estrellas:** TikTok se solía denominar una aplicación de «*Lip-syncing*»[197] (sincronización de labios), lo que hace que nos recuerde a un karaoke. Son vídeos donde la imagen es del usuario y la canción es la original.

- **Ahora es una red de vídeos cómicos, memes y remixes:** Lo cual hace que le lluevan las críticas[198] y el desdén por sus competidores[199].

- **Algunos han definido la app como un problema de seguridad nacional:** Ya que la empresa matriz es china con un éxito sin precedentes entre la población americana, lo que puede entrañar problemas tanto en el uso normal de la app por parte de diferentes colectivos como los militares[200], como a nivel de privacidad de usuarios[201].

- **La privacidad, sobre todo de los más pequeños es su mayor reto,** si se quiere convertir en una plataforma «*brand-safety*» (segura para las marcas), donde las marcas interaccionen con los usuarios[202].

- **Y si, lo está petando:** Sobre todo en los adolescentes..., pero es cuestión de tiempo que se expanda al resto de segmentos. Sólo hay que ver la cuota de mercado por segmento de edad que Axios ha construido:

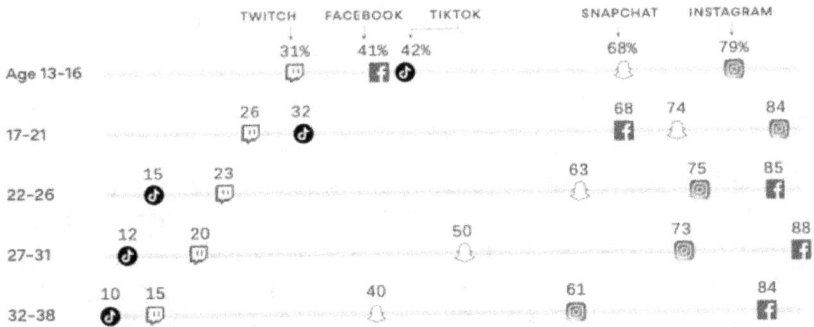

MARCAS DIRECTAS A CONSUMIDOR (D2C)

Las marcas D2C (Direct to Consumer) son empresas que venden sus productos a través de canales y estrategias de marketing puramente digital[203]es con una **relación directa con el comprador, eliminando de esta manera los intermediarios** del canal minorista. Tenemos ejemplos casi en cualquier vertical, tanto de tamaño grande (Tesla[204]), mediano (Muroexe[205], Hawkers[206],) o pequeño (Black Limba[207]).

- **Representan cuotas de mercado de hasta el 20%**: El vertical de colchones es un buen ejemplo, con Casper[208] a la cabeza, donde los D2C suponen un 20%[209] desafiando a los incumbentes.
- **Tendencia global, marcas locales:** Hawkers [210]son el Warby Parker[211] local en España y en el vertical de calzado ocurre lo mismo, con compañías como (Pompeii[212] o Muroexe[213] emulando Allbirds[214]).
- **Expertos en marketing digital:** No utilizan medios tradicionales o masivos, si no aquellos que les permiten llevar el *funnel* (embudo) de conversión y rastrearlo prácticamente desde la fase de consideración.[215]
- **El contenido y la historia de la marca es fundamental**: Las marcas respiran originalidad y frescura al inicio, y eso es gracias a la manera de contar las cosas a través del marketing de contenidos[216].
- **Al final del crecimiento siempre necesitan los canales tradicionales:** Ya sea anunciándose en TV lineal[217] como lanzando tiendas físicas[218], porque el crecimiento puramente digital no cubre todo el mercado.
- **Esperanza para los incumbentes:** Hay marcas tradi-

cionales que han conseguido crear una relación digital directa con los usuarios (Nike[219], Disney[220]).

Luma Partners nos muestra la explosión de marcas D2C en EE. UU:

SHOPIFY, LA EMPRESA QUE TE AYUDA A CREAR UNA TIENDA ONLINE EN MINUTOS

Shopify es la compañía canadiense que ayuda a todo tipo de empresas a lanzar una tienda online. El valor actual de la compañía alcanza los 67 mil millones de dólares. Actualmente, más de 800.000 tiendas en aproximadamente 175 países, confían en Shopify para vender sus productos online.

- **Los inversores ven potencial y la capitalización se dispara:** Desde su debut en bolsa, el precio de las acciones ha aumentado un 1600%, de 17 dólares a estar por encima de 300 dólares[221].

- **Los ingresos esperados para 2020 superan los 2,1 mil millones de dólares:** Sólo en Q4 de 2019 los ingresos aumentaron un 47% año a año[222], hasta alcanzar los 505.2 millones de dólares, superando los estimados por los analistas (482,1 millones).

- **Otro éxito de la economía de plataforma:** Shopify ofrece a las empresas y empresarios una su[223]ite de comercio electrónico que facilita el lanzamiento de una tienda online[224]. La diferenciación se consigue porque Shopify construyó la base de la plataforma como la funcionalidad de la pasarela de pagos, y abrió el resto de opciones a desarrolladores externos. Y la magia de tener una plataforma sobre la que otros construyen funciona… pero sólo cuando los desarrolladores acuden a la llamada[225].

- **Lanzan el primer producto de email marketing pensado para el comercio electrónico:** Shopify ofrece a los vendedores canales más fuertes con producto propio[226]. No se entendía que hubieran roto con MailChimp[227] hasta que lanzaron su propio producto.

- **Lanzan una app para usuarios finales:** Los usuarios que hasta ahora podían seguir sus envíos en la app Arrive,[228] ahora van a enviar recomendaciones personalizadas[229] de productos a cada usuario, en base a productos y marcas que el usuario haya visitado anteriormente.

- **Algunos analistas creen que el valor de la compañía está por encima de la realidad** debido a la situación con el COVID[230]. Hay que ver cuál es la nueva realidad post Covid para entender si la empresa que está detrás de las tiendas online seguirá en ritmo ascendente.

QUIBI, LA PROMESA DE HOLLYWOOD CIERRA DESPUÉS DE 6 MESES DEL LANZAMIENTO

Quibi [231], el **servicio de vídeos cortos para el móvil producidos por profesionales, cierra**. Lo ha anunciado la[232] compañía el miércoles[233]. Quibi puede ser el ejemplo donde la experiencia y el dinero no son suficientes para tener éxito y competir con TikTok. En el futuro se diseccionará este caso para extraer los aprendizajes.

- **Quibi lanzó su aplicación hacía solo seis meses:** Había tenido problemas para alcanzar sus objetivos de crecimiento de suscriptores[234] en medio de la pandemia global.

- **Quibi ha optado por cerrar las operaciones y la caja restante se devuelve a los inversores**, parece que no se han gastado 1.750 millones de dólares de inversión. Se está buscando comprador para los activos, pero por ahora no está habiendo respuestas positivas. Los inversores eran, AT&T, Alibaba, Walt Disney y NBC Universal.

- **La propuesta de Quibi era ofrecer vídeos de formato corto** (generalmente de 7 a 10 minutos) **a usuarios jóvenes a través de dispositivos móviles**. La gran innovación es que el encuadre del vídeo era diferente si los espectadores giraban sus teléfonos, ya que el contenido se filmaba tanto vertical como horizontalmente.

- **El timing no ha sido el mejor para el servicio debido a la pandemia**, pero no puede ser excusa, ya que TikTok en el mismo período lo está petando[235].

- Ha **habido muchas críticas** hoy cuando el servicio ha anunciado que cerraba, en base a la cantidad de dinero levantado o inversores... pero es **interesante escuchar**

la defensa de uno de los managers de A16Z[236] sobre la oportunidad: "Intentar un reto difícil merece Respeto, una gran experiencia con la que crecer".

NVIDIA AL DETALLE, MUCHO MÁS QUE TARJETAS PARA JUEGOS

Las acciones de **NVIDIA** subieron un sorprendente 14,2% en febrero[237], más relevante si cabe comparado con el **índice S&P 500** que sufrió una caída del 8,2% el mes pasado, dada la situación macroeconómica global. Además, la compañía anunció la adquisición de SwiftStack[238], para incrementar la potencia de la infraestructura que provee inteligencia artificial sobre GPUs:

- **De líder en tarjetas gráficas de gaming a liderar el entorno HW:** Su estrategia actual lleva la experiencia Nvidia cada vez a portátiles menos potentes[239]. La expansión lógica es buscar también socios en los monitores[240], para asegurar la calidad extremo a extremo.

- **Evolución al cloud gaming:** Nvidia lanzó su servicio GeForce Now[241] a principios de febrero. Por 5 dólares al mes «alquilas» un PC gaming cerca de tu casa que hace todo el trabajo pesado y tú juegas en «remoto» desde la app de tu PC. GeForce Now funciona sobre las cuentas de Steam, Epic o Battle.net. Pero parece que no tiene bien atado los contratos con los publishers.[242]

- **Extensión a los data centers y edge computing con la mira en IA:** Presentó la primera supercomputadora[243] acelerada por GPU en la nube de Azure. También está alineada con Amazon[244] en desarrollo de AWS, y con VMware[245] y está ampliando su horizonte con kit de desarrollo para IA conversacional[246], suites para investigadores[247] con gran cantidad de datos, y desarrollo/evolución de robots[248].

- **Lanzándose a los vehículos autónomos:** Desarrollando y testando una plataforma dedicada para vehículos de conducción autónoma[249]. Aunque haya pausado temporalmente[250] los tests.

CARLOS MOLINA DEL RIO

Industrias adyacentes

LA NBA NO ES UN DEPORTE, NI UNA EMPRESA, NI UN ESPECTÁCULO ... Y EN CAMBIO ES MUY LUCRATIVO

NBA es un ejemplo extraño que mezcla contenido, tecnología, deporte, espectáculo y distribución. Vamos a profundizar en cómo se organizan, dando un paso más al análisis del artículo sobre cómo entender las claves del éxito del negocio[251].

- **La NBA es una asociación de franquicias**, que son a la vez equipos y empresas, que juegan una competición donde la cuenta de resultados de cada una de las franquicias depende en gran medida del resto.
- La **NBA fuerza que la competición esté igualada** de varias maneras:
  - **Organiza la distribución de nuevos jugadores** a través del draft de jugadores: Este sistema se creó para repartir **la potencia actual y futura de los equipos, asegurando que todas las franquicias tengan posibilidades reales de ganar** en el medio plazo.
  - **Organiza la distribución de salarios:** El 53% de los ingresos de la NBA ha de ser repartido entre los jugadores. De los ingresos..., no del margen. Además, cada equipo tiene unos máximos salariales, tanto a nivel global del equipo (*salary cap*) como a nivel individual, para evitar que un jugador se lleve el 90% del presupuesto salarial de un equipo.
  - **Organiza la distribución de ingresos:** El 50% de los ingresos de cada equipo, no sólo los de TV también de camisetas, entradas, etc...., **se redistribuyen entre los otros equipos ¡que son empresas!** Así que las franquicias compiten deportivamente, pero van todas a una a nivel de ingresos. **Es un ejemplo de cómo alinear 32 empresas y sus dueños para hacer**

más grande el mercado.

- **Sólo tuvo competencia en los 70**: Es una organización que no tiene rival, ya que los jugadores profesionales de baloncesto no tienen otra salida profesional en EE.UU. Hubo otra competición en los 70, la ABA, y los jugadores ponían a competir a los equipos de ambas ligas por mayores salarios. La ABA que fue comprada por la NBA y fusiono parte de los equipos. De ahí que la mayor tensión existente sea entre jugadores y la liga, con huelgas para mejorar la distribución de los ingresos.

- **La estrategia de la NBA pone a los jugadores en el centro**: Los jugadores son las estrellas, y la estrategia de la NBA es engrandecerlos para recoger réditos futuros. Además se pone del lado de los jugadores. Sólo hay que ver cómo ha tratado la liga el sentimiento de los jugadores sobre los problemas sociales[252] versus como lo ha tratado la NFL[253].
    - Los jugadores de la NBA tienen una repercusión en redes sociales en otro orden de magnitud[254] (Lebron 74M) si lo comparamos con NFL o Beisbol, pero todavía están lejos de llegar al nivel de otras celebrities como Kardashian[255] (190M).

Es interesante que está asociación de empresas que a) no tiene competencia, y b) donde se comparten ingresos, no sólo de la TV sino de la venta de camisetas y entradas de los pabellones, se da en el que es el país más abierto al capitalismo. La NBA representa un contra - modelo muy exitoso, cercano a una cooperativa, con lo que son el resto de los mercados en EE.UU.

LAS 5 CLAVES DE LA CREACIÓN DE LA NBA COMO UN NEGOCIO DEL SXXI

Uno de los podcast de cabecera de MultiVersial es Acquired[256] y lo recomendamos siempre que podemos[257]. En el último capítulo repasa las claves de la NBA [258]para convertirse en un negocio global:

1. **Necesitas la mejor distribución, aunque tengas el mejor producto:** Es necesario un gran ajuste entre el producto y el mercado, pero no es suficiente para lograr un gran éxito; también necesitas una gran distribución. Estamos hablando desde su capacidad de extenderse como la pólvora a principios del siglo XX por jugarse en interior, como la capacidad de traspasar culturas (siendo de las pocas cosas occidentales que Mao Tse Tung no prohíbe en la revolución cultural). Obviamente en los últimos 40 años la televisión hace un trabajo espectacular para llevar a cada hogar las últimas noticias, pero sólo un dato «NBA league pass», el servicio que te deja elegir ver sólo los partidos de tu equipo, se estrena en 1995 primero en TV y después en internet.

2. **Influencia es Poder y los jugadores son una representación de esa ecuación.** La estrategia de la NBA de «convertir a los jugadores en las estrellas» ha tenido un gran éxito y contrasta con las otras grandes ligas deportivas estadounidenses. Son sus estrellas actuales y retiradas los embajadores en los países, y los alinean, ya que el 53% de los ingresos (no beneficios) de la NBA, tienen que distribuirse a los jugadores. En contrapartida, los equipos aceptaron un límite salarial para hacer la competición más igualada.

3. **La internacionalización es tanto para atraer talento como para exportar negocio.** Desde el *Dream Team* en 1992, la NBA se ha abierto a muchos más mercados que el de EE.UU. En la temporada pasada, mil millones

de personas vieron la NBA y el 25% de los jugadores son de fuera de EE.UU. Además, los dos factores se retroalimentan, porque un jugador de un país hace que ese país se vuelque, y eso crea más jóvenes jugadores que quieren emular a su estrella y el nivel sube.

4. **Potencia el producto**: La NBA es un ecosistema que todo lo que hace es para hacer brillar el producto. Desde el fin de semana de las estrellas (*All-Star*) y su concurso de mates, hasta todo el contenido que generan con las historias personales de los jugadores, pasando por la tecnología para amplificar el círculo virtuoso de contenido – fan. ¿En algún otro deporte existe algo de tal repercusión como el *All Star* y el concurso de mates? o ¿hay algún deporte con mejor encaje para resúmenes de 30 segundos en televisión?

5. **Una base de usuarios más jóvenes significa flujos de caja futuros**: El 57% de los estadounidenses de 13 a 17 años enumeran a la NBA como su liga deportiva favorita, en comparación con el 13% de la NFL y el 4% de la MLB. La valoración de la NBA por tanto, tiene un potencial, basado en el público futuro, envidiable.

Sólo un dato para entender como está creciendo la NBA, las valoraciones medias de las franquicias de la NBA han aumentado un 600% en la última década. Este aumento de precio viene por el crecimiento orgánico del negocio y además, porque hay más demanda (Ballmer compra los Clippers por 2.000 mil millones de dólares) que oferta (30 equipos).

LOS AÑOS DE LA REVOLUCIÓN DE DISNEY CONTADOS POR SU CEO

Bob Iger, CEO de Disney desde el 2005 hasta el 2020, nos ha regalado los aprendizajes de su carrera en forma de libro[259]. Quince años después, Disney es la compañía de medios más grande y respetada del mundo. Su valor es casi cinco veces mayor que cuando Iger se hizo cargo, y es reconocido como uno de los CEO más innovadores y exitosos de nuestra era.

- **Darle la vuelta a una compañía rota a pedazos**: Michael Eisner, el anterior CEO de Disney, había perdido la confianza de inversores, mercado e incluso de los trabajadores de la empresa. La estrategia de Bob se redujo a tres ideas claras:[260] Comprometerse con la **calidad**, **adoptar la tecnología** en lugar de luchar contra ella y pensar **globalmente** (enfocándose en los mercados internacionales).

- **Bob no era el CEO que el consejo quería elegir:** Su papel como COO de operaciones durante el mandato de Michael, había echado por tierra sus opciones. Un proceso de 6 meses con escrutinio público[261]. Fue un auténtico proceso de juego de tronos político del que sale victorioso.

- **Una lección de mano izquierda**: Lo primero que recibe como CEO es una demanda pública por parte de Roy Disney, sobrino de Walt Disney y antiguo miembro del consejo, que logra desactivar dando un reconocimiento personal a Roy en forma de cargo no ejecutivo. Después consigue recuperar los lazos rotos con Steve Jobs [262], para ofrecer el contenido Disney en el iPod Video.

- **Una estrategia agresiva mirando al futuro**: Bob entiende que es la propiedad intelectual de las películas, la que hace crecer el negocio de Disney en varias fuentes de ingresos, como el *merchandising* (comercialización de productos), el vídeo en casa o los parques temáticos, etc. Así que comienza un proceso de adquisición de contenidos y calidad creativa para relanzar Disney (Pixar[263], Marvel[264], LucasFilm[265]) por precios desorbitados, según los analistas. En el peor de los casos, la compra de LucasFilm era puramente por su propiedad intelectual, es decir, la capacidad de realizar nuevas películas. No había equipo ni creativos, ni guiones en el corto plazo. Aún en ese caso, se recuperó la inversión en 6 años[266].

- **Disney plus es la decisión más importante con respecto al futuro de la compañía:** Bob ha intentado contrarrestar el dilema del Innovador[267]. Está renunciando a miles de millones de dólares seguros y de puro margen de Netflix y otros proveedores de TV de pago, para establecer una relación de distribución directa de contenidos con sus clientes, mediante un servicio digital que controla extremo a extremo.

CREATIVITY S.A: EL LIBRO DEL FUNDADOR DE PIXAR PARA FOMENTAR LA CREATIVIDAD EN TU ORGANIZACIÓN

Ed Catmull, autor del libro[287] y fundador de Pixar, nos cuenta no solo como hizo realidad su sueño de «hacer la primera película animada por computadora del mundo» si no, como después de Toy Story, construyó la cultura de una organización que necesita creatividad permanente. Los renglones que utiliza[288] para poder mantener el éxito y la creatividad de la empresa son:

- **Sinceridad y franqueza por encima de los egos:** Se necesita que las personas trabajen aceptando como mejorar su trabajo, sin que ello constituya un problema personal.

- **Abrazar el miedo y los diferentes fallos como parte del proceso creativo:** Prefieren equivocarse pronto, que un análisis profundo y lento (aunque lleve a un acierto). Llevan el pensamiento de «falla rápido» (*Fail Fast*) en el ADN. Cita: "Confiar en los demás no significa que no van a cometer errores. Significa que, si los cometen, confías en que tomarán medidas para remediarlos."

- **Balancea la presión comercial con el proceso creativo:** Quizás una de las cuestiones más difíciles de aprender (seguro que no a través de un libro) es poder acomodar la presión comercial (definida como la bestia) que te lleva a asegurar éxitos (incluso repitiendo tramas o cayendo en clichés) versus dejar que el proceso creativo siga su curso. La dificultad viene porque al inicio del proceso creativo, cada nuevo proyecto parece «un niño feo», porque lo comparas con las películas acabadas y ese es un sesgo a evitar. Cita: «La Bestia es una glotona, aunque también una fuerza motivadora (mediante fechas límite y presupuestos). El niño es puro y sin tacha, está lleno de potencial, pero también está necesitado e impredecible, te puede hacer estar despierto toda la noche. Has de balancear las dos»

- **No puedes evitar el azar como parte del proceso creativo:** Aunque nuestra mente humana no funciona bien intentando entender los procesos aleatorios, son parte importante del proceso como para intentar apartarlos. Cita: «Un truco que he aprendido es obligarme a mí mismo a hacer una lista de las cosas que están mal. Normalmente puedo agrupar la mayor parte de las cuestiones en dos o tres problemas importantes. Así que las cosas no están tan mal» y, además, sabes cómo atacarlas.

- **Nuestra percepción es limitada y sesgada:** No podemos enterarnos de todo y comprendemos lo que ocurre de acuerdo con los modelos mentales que hemos vivido/aprendido (dos personas argumentado acaloradamente será bueno o malo comparado con las experiencias personales de quien lo presencia). Cita: "Los líderes de las empresas (que han fallado) no eran conscientes del hecho de que existen problemas que ellos no pueden ver. Y como no eran conscientes de esos puntos ciegos, asumieron que los problemas no existían". Mi capítulo favorito «Lo oculto».

- **Mecanismos para ampliar nuestra visión:**
    - Feedback diario sobre trabajo realizado.
    - Viajes de investigación para conocer in situ aquello en lo que vas a trabajar: Similar a la investigación de campo en UX.
    - El poder de los límites para forzar la priorización.
    - Integrar tecnología y arte como elemento para empujar los límites de lo que se puede

hacer.
- Experimentos cortos para tener conocimiento sobre el terreno y no análisis teóricos.
- Aprender a ver: Nuestro cerebro nos «sesga» a la hora de percibir el entorno, necesitas conocer ese sesgo para minimizarlo como hacen los pintores.
- Postmortem para a) consolidar lo que has aprendido, b) enseñar a otros que no estaban allí, c) no permitir que el resentimiento se encone, d) postmortem agendado para prepararlo por anticipado, e) cadena de favores y ofrecer las preguntas que deberían ser planteadas en el siguiente proyecto.

Estos renglones, sin ponerlos en práctica en el día a día, quedaran más en libro de auto ayuda para gente de negocios que en conocimiento útil. Por supuesto, los ejemplos y la lectura del libro[289], son claves para entender en detalle el proceso.

DR.DRE E IOVINE, DE CREAR A EMINEM A CREAR BEATS, EL DOCUMENTAL QUE NOS LO CUENTA

«*The Defiant ones*»[268] es un documental[269] que detalla en 4 partes, la historia de Dr.Dre y Jimmy Iovine: Dos estrellas de la industria musical [270]que comenzaron su andadura profesional a mitad de los 80, creciendo por separado hasta encontrarse en 1998 y juntos **crear los mayores éxitos musicales mundiales**. Pero ese no fue su cenit empresarial, ya que en 2014, Apple compró Beats, la compañía de auriculares que crearon en 2006, por 3 mil millones de dólares.

- **Juntos marcaron un punto de inflexión en la industria musical:** Dr. Dre como productor e Iovine como ejecutivo de la compañía discográfica Interscope, descubren a Eminem[271] entre otros[272], que se convierte en un fenómeno mundial con otra historia digna de ser contada[273].

- **La creación tecnológica que nadie esperaba:** Juntos lanzan Beats Electronics, empresa de auriculares de música y, no nos olvidemos, un servicio de *streaming* (transmisión por internet) con un número reducido de usuarios[274] (300K), pero enganchados[275].

- **El colofón de película para una carrera en la música:** Apple adquiere por $ 3 mil millones[276] en 2014. Los auriculares son una línea que permanece con marca propia mientras que los activos del servicio de subscripción de Beats, serán pieza fundamental en la construcción y lanzamiento[277] de Apple Music al año siguiente. Movimiento criticado al inicio, nadie duda ahora que la compra ha sido un gran éxito[278].

- **La anécdota que casi destroza la compra:** Dre con colegas, se grabaron en una celebración privada comentando la adquisición días antes de hacerse pública [279] la venta de Beats a Apple... y lo subieron a redes sociales. Impresionante y casi imperdonable[280].

LA CREACIÓN DE NIKE CONTADA POR SU FUNDADOR: INNOVACIÓN Y DECISIONES DE NEGOCIO CONSTRUYENDO UN GIGANTE SOBRE SU PASIÓN

«Nunca Pares: Autobiografía del Fundador de Nike / Shoe Dog: A Memoir by the Creator of Nike[281]» son las memorias de Phil Knight (creador de Nike). Es un recordatorio contrastado con el resto de los protagonistas de cómo fue realmente el camino hacia el éxito empresarial de Nike apuntalado en cada decisión, error y consecuencia. Su lectura consigue que sintamos a la **marca Nike mucho más cerca de nosotros** y los aprendizajes son de toda índole:

- **La idea de negocio no parecía poder tener hueco en el mercado premium con gigantes como Adidas:** Phil Knight fue a Stanford para obtener su MBA, donde escribió un artículo sobre el mercado potencial para importar zapatillas deportivas japonesas a los EE.UU. (inspirándose en cómo las cámaras japonesas hacían tambalear el mercado de cámaras, dominado por los alemanes). ¿Quería aplicar la misma receta contra los principales fabricantes de calzado deportivo alemán Adidas y Puma?

- **El fundador era un atleta y, sobre todo, un fan del atletismo:** El interés de Knight en los zapatos comenzó en la Universidad de Oregon, donde corrió para el legendario entrenador de atletismo, Bill Bowerman.

- **El hiper crecimiento como huida financiera hacia delante, menos mal que ningún año tuvo un bache de ventas:** Su estrategia fue aumentar a un ritmo vertiginoso cada año las ventas, para poder pagar el crédito bancario del año anterior y poder pedir el siguiente. Un ejemplo de Blitzscaling [282]antes de la era digital.

- **Salida a bolsa sin perder el control:** Es sorprendente conocer como Phil estuvo siempre aterrorizado por perder el control de Nike[283], ya que temía que, la salida a bolsa, supondría la entrada de miles de accionistas que arruinarían la cultura de la compañía. Hasta que encontró su solución mucho tiempo después de coquetear con la quiebra:[284] Emitir dos clases de acciones: acciones ordinarias de clase B con un voto, y acciones preferidas de clase A para el equipo actual, que les permitiría nombrar ¾ de la junta. Esta estrategia está ahora a la orden del día en las empresas tecnológicas.

- Los **éxitos en negocios** también se pueden dar **con un fundador tímido** con un **equipo a priori «mediocre»**.

- **Se enfoca primero en vender e innovar producto, la fabricación viene de un socio.** Lo que ahora se conoce como Asics, es la empresa que durante los primeros años estuvo fabricando[285] las zapatillas Nike (antes conocidas bajo Blue Ribbon) antes de hacer producto propio.

- **Estrategia de marketing basada en estrellas del deporte:** Hizo de la asociación con estrellas del deporte como Steve Prefontaine[286] un arte, que luego se ha convertido en una estrategia básica de marketing para todo tipo de productos para consumidores finales. Deportes y marcas desde entonces van de la mano.

CARLOS MOLINA DEL RIO

Conversaciones de 2020

YA ES 2008 DE NUEVO: SEQUOIA ADVIERTE A SUS STARTUPS DE QUE SE PREPAREN PARA LO PEOR

Sequoia Capital envió[290] **el 5 Marzo una advertencia grave**[291] a los CEO de sus compañías invertidas[292] sobre los impactos comerciales del coronavirus, sugiriendo que «cuestionen cada hipótesis» sobre sus negocios, desde los ingresos futuros hasta el número de personas necesarias. Pero, sobre todo, hizo hincapié en la poca disponibilidad de inversión y fondos en el corto/medio plazo.

- **Sequoia no es un fondo cualquiera**: Es uno de los primeros inversores en Google, Cisco, Nvidia, Airbnb, Unity, Zappos, Linkedin, Instagram y un largo etc. [293] Desde 1996, la increíble expansión de la firma ha evolucionado de un único fondo de 150 millones de dólares, enfocado en California, a la potencia mundial multimillonaria que es hoy.
- **La última vez que hizo algo similar fue en la crisis de 2008**: En aquella ocasión envió un mail con una presentación[294] de 56 diapositivas a todas sus empresas participadas, recomendando centrarse en generar liquidez, es decir, fondos para sobrevivir lo máximo posible.
- **Y lo hicieron también en el año 2000, antes del pinchazo de las .com:**

```
Douglas Leone

Sent:       Monday, October 6, 2008 7:37 PM
To:         Douglas Leone; Michael Moritz
Subject:    mkt conditions...

Is this awful or what ?

What is sequoia's take ?

My attitude is batten down the hatches ....it is going to be a rough ride...

Any co without at least a yr of cash minimum in the bank is in trouble....in my opinion

Thoughts ??

Here is what I sent to all my cos in april of 2000 and am dusting it off to resend again now !!


To:         Portfolio CEOs
Date:       04/17/2000 05:24 PM
RE:         Market Conditions Effect on Portfolio Companies

The down draft in the stock market sends us some obvious "signals" and we can't help but
mention them.

1.    If you are in a funding cycle, you should raise your funding as soon as possible and
raise as much as possible.

2.    You must aggressively examine and pursue M&A opportunities (unless you have over 12
months of cash reserves!) to insure you have critical mass (including funding, customers,
rolodex power, market share, cash, synergy, etc.).

3.    Be realistic on valuations - they will fall so be ready and willing to co-operate.

4.    While it's safe to say entrepreneurs have had negotiating leverage with the "down draft"
in the market, the VC community will start exercising their leverage.
```

- **En privado… y ahora en público:** Sequoia dice públicamente lo que muchos fondos han dicho a los CEO en privado. Lo prudente ahora es prepararse para lo peor[295].

SE HA PUESTO DE MODA LA TERCERA MANERA DE SALIR A BOLSA: SPAC

La palabra de moda este año en el mundo de la tecnología, a parte de la pandemia y sus consecuencias, es SPAC (Special Purpose Acquisition Company). Es un instrumento que normalmente es una puerta trasera para salir a bolsa, y no estaba demasiado bien visto. Pero en 2020, sus ventajas han salido a la luz. Ya conocíamos el direct listing[327] como opción B a las salidas a bolsa, y ahora aparece la tercera opción. Opendoor ha sido la última en salir a bolsa a través de una SPAC[328].

- **Una SPAC consiste en levantar financiación en bolsa,** a través de un equipo gestor en forma de «empresa vacía», sin saber a priori a que empresa se va a dedicar ese dinero, para luego encontrar una empresa no cotizada que cumpla los parámetros del equipo gestor y hacer una fusión. Así, la empresa no cotizada se convierte en cotizada y se le añade el capital levantado como inversión extra. El acrónimo significa: «Empresa con un objetivo de adquisición especial».

- **Las Spacs tenían mala reputación no sólo por evitar la transparencia en los detalles del negocio que fuerzan salir a bolsa si no en la poca rentabilidad** para los inversores, pero eso ahora ha cambiado con Draftkings o Nikola como ejemplos[329].

- **El equipo gestor tiene un tiempo determinado para utilizar ese dinero,** si el tiempo estipulado caduca, el dinero vuelve a los inversores, de ahí, que aporta más seguridad a la parte que invierte. Si la financiación de la SPAC no es suficiente, se puede añadir financiación de los inversores con vehículos adicionales para completar la transacción[330] (PIPE).

- **El incremento de SPACs hace que el cuello de botella**

no esté en captar inversión (no falta dinero), si no en encontrar empresas adecuadas, por lo que las condiciones están mejorando para las empresas financiadas por este sistema. De hecho, los equipos gestores de la SPAC se están posicionando del lado de las empresas objetivos de la inversión, como socios que te pueden ayudar en el largo plazo como Kevin Hartz (ex- PayPal, Eventbrite)[331].

- **Los bancos de inversión pierden protagonismo en este modelo:** Ya no son quienes controlan el precio de la salida a bolsa mediante el roadshow (proceso de presentaciones) a gestores de fondos. Además, el proceso tradicional de salida a bolsa hace que la empresa que debuta no consiga todo el beneficio que pudiera y parte se queda en las empresas que tiene acceso a la inversión justo antes de la salida a bolsa (*pop*).
- El resumen de las ventajas para las empresas[332] son:
    - **Coste de capital más bajo** en comparación con una salida a bolsa estándar.
    - **La empresa tiene mucho más control del proceso** de salir a bolsa.
    - **Es mucho más rápido** el proceso de debutar en el mercado de valores.

Eso sí, no vas a tener tu logo en la bolsa, y no podrás abrir la sesión tocando la campana.

Más información sobre SPACs: John Luttig [333]y Bill Gurley[334]

DIFERENCIAS: BUFFET VS EL CAPITAL PRIVADO

Buffet ha creado en las últimas décadas una opción diferente y diferenciada para aquellos propietarios [364] que están a mitad de camino entre una salida a bolsa y la inversión del Private Equity (Inversión privada). Las diferencias son notorias y los dueños de las empresas han de elegir entre la manera buffet[365] y el Private Equity (PE):

- **Período de inversión diferentes:** Buffet invierte «para siempre» mientras que para el PE el plazo es de unos 5 años.

- **Cambio en la gestión versus mantener a los gestores:** Buffet mantiene el CEO existente para buscar la rentabilidad a largo mientras que el PE suele cambiar la dirección para buscar la mayor rentabilidad a corto.

- **Tipo de apalancamiento:** Buffet no se apalanca en las operaciones, ya que utiliza el flujo de caja del resto de operaciones mientras que el PE suele realizar las operaciones apalancadas.

- **Como se llega al acuerdo:** Buffet negocia de manera directa muy rápida con los dueños y dirección, mientras que el PE suele llevar las operaciones por subasta.

- **Injerencia en el día a día:** Buffet se fija en la generación de caja sin apoyar las decisiones cotidianas, mientras que el PE suele estar presente en la gestión cotidiana.

- **Reducción de costes:** Buffet no suele buscar la generación de caja mediante la reducción de costes mientras que el PE utiliza la reducción de costes para mejorar las métricas cara a la venta.

- **Uso de consultores externos:** Buffet no contacta ni con abogados o consultores externos, mientras que el

PE siempre se apoya en profesionales de terceras empresas.

LAS 10 ADQUISICIONES MÁS RENTABLES DE TODOS LOS TIEMPOS

Acquired.fm[354] ha recopilado las 10 compras que más han contribuido al retorno al accionista de la empresa que realiza la compra. De cada operación repasamos el precio de compra, que parte del valor de mercado de la empresa resultante es imputable a la empresa comprada. La resta de estos dos valores nos da el retorno en dólares de la compra (o el valor creado por la adquisición):

- **Número 10. Marvel comprada por Disney:** En 2009, parecía que no quedaba nada en Marvel, ya que sus principales personajes ya estaban licenciados a diferentes estudios. Desde entonces, sólo en ingresos en la taquilla, han generado 22.500 millones de dólares y se estima que, por cada dólar en películas, se generan 2 dólares en los parques de atracciones de Disney. Por lo que estaría generando un 10% de los ingresos de la compañía.
  Retorno en dólares: 16.3 mil millones de dólares.
  Precio de compra: 4.2 mil millones de dólares, *2009*.
  Contribución estimada: 20.5 mil millones de dólares.

- **Número 9.** *Where2, Keyhole, ZipDash* **por Google para construir** *Google Maps*: Morgan Stanley [355]estima que sólo en 2019 la división de mapas generó 2.950 millones de dólares de ingresos. Basado en las estimaciones de Adquired, eso representa una capitalización de mercado de 16.000 millones de euros. La construcción de Google Maps[356] es un ejemplo de cómo Google absorbe innovación de fuera y la hace suya.
  Retorno en dólares: 16.8 mil millones de dólares.
  Precio de compra : 70 millones de dólares (estimado), *2004*.

Contribución estimada: 16.9 mil millones de dólares.

- **Número 8. ESPN comprada por ABC:** Sólo en 2018 los ingresos estimados son de 10 mil millones de dólares[357]. El crecimiento compuesto siempre ha sido mayor del 15% durante ¡los últimos 35 años! Como Albert Einstein citaba: «El interés compuesto es la octava maravilla del mundo»[358] y por desgracia, lo vivimos no solo en inversiones si no en las epidemias.
  Retorno absoluto en dólares: 31 mil millones de dólares.
  Precio de compra: 188 millones de dólares (por ABC), *1984.*
  Contribución estimada: 31.2 mil millones de dólares.

- **Número 7.** *Paypal* **comprada por eBay:** Aquí los números no son estimaciones ya que eBay saco a bolsa Paypal en 2015 con un valor 31 veces mayor que el de compra en 2002.
  Retorno absoluto en dólares: $ 45.6 mil millones.
  Precio de compra: $ 1.5 mil millones, *2002.*
  Valor realizado en Spin off: $ 47.1 mil millones.

- **Número 6. Booking.com comprada por** *Priceline*: Priceline gigante en EE.UU y más desconocido en Europa compró la empresa holandesa. ¡El impacto en negocio fue tan alto que incluso cambió el nombre de la compañía a Bookings Holdings!
  Retorno absoluto en dólares: 49.8 mil millones de dólares.
  Precio compra: 135 millones de dólares, *2005.*
  Contribución estimada: 49.9 mil millones de dólares.

- **Número 5. NeXT comprada por Apple:** De esa manera Steve Jobs vuelve a la que fue su creación. Todos

los sistemas operativos actuales de los dispositivos (MacOS, iOS, WatchOS etc.) provienen de NeXT y su lenguaje Objective-C[359]. Adquired le atribuye un 5% del valor actual de la compañía.
Retorno absoluto en dólares: $ 62.6 mil millones.
Precio de compra: $ 429 millones, *1997*.
Contribución estimada: $ 63.0 mil millones.

- **Número 4. Android comprada por Google:** Android permite que Google ingrese por la tienda «Play Store» unos 7.700 millones en 2018[360]. Además, Google se ahorra pagar al sistema operativo para que Google sea su motor de búsqueda por defecto, como hace con iOS (unos 4.800 millones de euros estimados basados en cuota de mercado (market share[361])). Segundo ejemplo de innovación externa adoptada por Google.
Retorno absoluto en dólares: 72 mil millones de dólares.
Precio de compra: 50 millones de dólares, *2005*.
Contribución estimada: 72 mil millones de dólares.

- **Número 3. *Youtube* comprada por Google:** Youtube es el segundo motor de búsqueda después del mismo Google. En los últimos meses se han sabido las cifras de ingresos de la plataforma de vídeo y son 15 mil millones de dólares[362]. Youtube con esos ingresos no sólo ha de pagar la nube, si no también paga a los creadores de contenido.
Retorno absoluto en dólares: 84.5 mil millones de dólares.
Precio de compra: 1,65 mil millones de dólares, *2006*.
Contribución estimada: 86,2 mil millones de dólares.

- **Número 2. *DoubleClick* comprada por Google:** El año pasado DoubleClick y sus productos asociados generaron 20 mil millones de dólares. Barata se ha quedado la cifra por la que se vendió la empresa, dada la im-

portancia del producto dentro de los ingresos de Google.
Retorno absoluto en dólares: 123.3 mil millones de dólares.
Precio de compra: 3,1 mil millones de dólares, *2007*.
Contribución estimada: 126.4 mil millones de dólares.

- **Número 1. Instagram por Facebook:** Zuckerberg se lanzó a la compra de Instagram en 2012, ya que vio su potencial (y amenaza), recordándole a su propio crecimiento. Utilizó la experiencia propia y los productos de FB para monetizar la audiencia de Instagram, que pasó de no generar ingresos a generar 20.000 millones[363] en 8 años. Instagram no paga a los creadores como Youtube.
Precio de compra: Mil millones de dólares, *2012*.
Contribución estimada: 153 mil millones de dólares.
Retorno absoluto en dólares: 152 mil millones de dólares.

	Company	Acquirer	Year	Acquisition Price	Current Revenue Contribution	Current Total Parent Company Annual Revenue	Current Parent Company Market Cap	Current Market Cap Contribution	Discount for Future Dependency	Discount-Adjusted Current Market Cap Contribution	ROI Multiple	Absolute Dollar Return	Annualized Return
						(in millions)						(in millions)	
1	Instagram	Facebook	2012	$1,000	$20,000	$70,697	$541,850	$153,288		$153,288	153	$152,288	56%
2	DoubleClick	Google	2007	$3,100	$21,997	$161,857	$929,810	$126,366		$126,366	41	$123,266	30%
3	YouTube	Google	2006	$1,650	$15,000	$161,857	$929,810	$86,170		$86,170	52	$84,520	33%
4	Android	Google	2005	$50	$12,546	$161,857	$929,810	$72,073		$72,073	1,441	$72,023	62%
5	NeXT	Apple	1997	$429	$260,174	$260,174	$1,260,000	$1,260,000	95%	$63,000	147	$62,571	24%
6	Booking.com	Priceline	2005	$135	$10,809	$18,066	$69,150	$49,886		$49,886	370	$49,751	48%
7	PayPal	Ebay	2002	$1,500	$10,800	—	—	$47,130		$47,130	31	$45,630	28%
8	ESPN	ABC / Disney	1984	$188	$10,300	$69,570	$210,860	$31,218		$31,218	166	$31,030	15%
9	Where2, Keyhole, ZipDash	Google	2004	$70	$2,950	$161,857	$929,810	$16,947		$16,947	242	$16,877	41%
10	Marvel	Disney	2009	$4,200	$6,750	$69,570	$210,860	$20,459		$20,459	5	$16,259	15%

Fuente: Acquired.fm

2019 NO PARECE AHORA QUE FUERA TAN MALO PARA SALIR A BOLSA

El ejemplo más claro es el de Airbnb. La compañía de alquileres eligió 2020 para salir a bolsa, ya que 2019 no era "un buen año", pero parece que la situación actual de los mercados, debido al coronavirus, podría retrasar la fecha de estreno hasta el año que viene. A tenor de los acontecimientos, 2019 no era tan malo[303]:

- **2019 no era el año adecuado de Airbnb para la salida a bolsa**: Los resultados de 2018 arrojaban 200 millones de beneficios vs a los 322 millones de pérdidas[304] en los primeros 9 meses de 2019.

- **Realmente 2019 no fue el año para ninguna de las grandes:** Uber y Lyft cotizan más de un 30% por debajo de sus precios de salida[305]. El mercado reaccionó con mucha cautela por sus pérdidas masivas, en vez de con interés por su crecimiento. También debutaron Pinterest[306] y Slack,[307] que también caen en valoración, a pesar de ser algunas de las startups de más rápido crecimiento y más valoradas en el mundo.

- **El desastre de Wework terminó de tumbar el año:** Todavía colean consecuencias[308] sobre el fiasco de WeWork[309]. Aunque todavía algunos, como Casper, la marca de colchones vendidos online, se lanzaban[310] en su debut en bolsa a pesar del viento en contra.

- **Esta es la mejor manera de resumirlo:** Techcrunch lo clava[311].

NEGOCIOS O INDUSTRIAS EN RIESGO A PARTIR DEL 2020

Un nuevo informe desarrollado por ARK identifica los sectores[296] que van (o que ya están) a **sufrir un golpe severo**, o incluso ser **destruidos**, por la innovación tecnológica, el cambio de comportamiento de los consumidores y la aceleración por la pandemia. **Tanto si eres un trabajador como si eres un inversor** te interesa conocerlo de cerca:

Sucursales bancarias físicas: Las apps de los principales bancos en los teléfonos móviles están «inutilizando la infraestructura física», mientras que los gastos de ocupación de las sucursales bancarias físicas aumentan constantemente. En Europa uno de los grandes beneficios de la consolidación del mercado bancario es el cierre de sucursales[297]. Además, la necesidad de tener cajeros cerca de los usuarios, está disminuyendo con la adopción de pago contactless (tarjeta y móvil)

Venta minorista física: la venta minorista en las tiendas en los EE. UU. Alcanzó su punto máximo en 2015, y la pandemia solo ha acelerado el cambio al comercio electrónico[298]. La pandemia ha forzado a probar el comercio electrónico a segmentos de la población reacios, y ahora parte de ellos están entendiendo la propuesta de valor. El comercio minorista no va a desaparecer, pero va a disminuir su importancia.

TV lineal: La programación de TV lineal, los canales de televisión tanto generalistas como de pago están siendo rápidamente desplazados por los servicios de retransmisión online. Los consumidores tienen otras opciones para entretenerse, y cuando ponen la televisión cada vez más van a tiro fijo para ver un contenido ya decidido. Además, como hay más opciones de entretenimiento dentro y fuera de la TV la calidad esperada por el consumidor es necesariamente mayor.

Transporte manual de mercancías y personas sufrirá una disrupción con la llegada de camiones y taxis primero semiautónomos y luego autónomos. Nuevos modelos de negocio podrían convertir a las marcas de automóviles en proveedores de servicios en vez de vendedores de automóviles

La transformación del retail y la TV ya está en marcha, mientras que la del transporte todavía quedan desarrollos tecnológicos por realizarse.

Si hay menos comercios locales, ¿se **concentrarán** los que queden? ¿**Desaparecerán** ante las grandes superficies? ¿Se quedarán como **productos de nicho/Gourmet**? ¿Se **especializarán** solo en aquello que la experiencia física aporta como el producto fresco?

Por cierto, si piensas "a mí no me va a afectar porque yo siempre querré hacer la compra en físico" Quizás no veas que aunque tú quieras seguir haciéndolo puede que nadie te lo ofrezca, como ya está pasando con la desaparición de las oficinas bancarias a tu alrededor.

HARVARD: LOS ALGORITMOS ESTÁN EMPEORANDO LA DESIGUALDAD ECONÓMICA

Harvard expone un argumento[312] cristalino sobre cómo las nuevas empresas que basan la eficiencia en algoritmos, no ofrecen las mismas oportunidades de crecimiento, ni las mismas condiciones a sus empleados:

- **La capacidad de crecer dentro de la empresa disminuye**:
    - Charlie Bell, exdirector ejecutivo de McDonald's, comenzó como trabajador cocinando hamburguesas[313] . Mary Barra, presidenta y directora ejecutiva de General Motors, comenzó en la línea de montaje[314]. Doug McMillon, director ejecutivo de Walmart, comenzó en un centro de distribución.[315]
    - **¿Cuántos conductores de Uber crees que alguna vez tendrán la oportunidad de alcanzar un puesto directivo en la empresa, y mucho menos, dirigir el gigante de los viajes compartidos?** ¿Cuántos futuros altos ejecutivos de Amazon comenzarán sus carreras entregando paquetes o apilando estantes?
    - Es lícito preguntarse ¿Puede ser que ahora haya capacidad de crear más empresas? Seguramente no para las personas con menor cualificación.
- **Los algoritmos no comparten información con los empleados, las empresas tradicionales si lo hacen:** Uber y Amazon sólo comparten la información a los empleados sobre su próximo reparto o sobre qué deben hacer para rendir de manera óptima, pero no se establece una comunidad entre los trabajadores. El ejemplo es el del taxi, donde la organización de los trabajadores incentivaba la comunicación y colabor-

ación entre los trabajadores.

- **Los algoritmos tratan a las personas como elementos que deben tener un rendimiento constante:** Negocios de entrega de alimentos en China trabajan con un algoritmo que reduce el salario[316] si no cumple con los tiempos pre calculados por el algoritmo. Amazon mide mediante algoritmos a sus trabajadores en centros logísticos, y deben trabajar al ritmo de Amazon[317], que **se describe como «en algún lugar entre caminar y trotar».**
  - Los algoritmos pueden tener en cuenta los factores externos como la lluvia, pero ¿puede tener en cuenta los internos de cada persona cuando sufren algún bache personal?

Harvard hace un **ejercicio de imaginarse el futuro,** que puede parecer distópico, para que entendamos las decisiones de hoy:

- **Si las empresas consiguen organizaciones más eficientes sin necesidad de trabajos de baja calificación**, se puede salir de las crisis de los países, **sin que el empleo se recupere.**

- **Se podría vislumbrar un potencial futuro con dos clases sociales:** Una elitista con habilidades y conocimientos para diseñar y gestionar negocios basados en algoritmos y aquella clase social más numerosa que trabaja para los algoritmos.

Ya vimos que los trabajos generados requerirán alta cualificación y superarán en número al número de puestos de trabajo destruidos (de baja cualificación[318]). La **solución propuesta pasa por el cambio en el sistema educativo** en el sXXI, pero eso significa que **la actual generación de personas con poca cualificación ya está sentenciada.**

EL PESO DE INTERNET EN LAS ELECCIONES DESDE 1992 HASTA LA FECHA

Axios ha hecho un trabajo excelente en recopilar la importancia de internet[319] en las diferentes elecciones desde hace 28 años:

- 1992: **Internet es una red principalmente académica.** Clinton abre la puerta a la comercialización de internet, que anteriormente estaba prohibida, ya que era una red dedicada en exclusiva a la investigación.
- 1996: Los primeros usuarios están descubriendo y haciendo crecer internet con páginas propias, **pero la mayoría de los votantes no se conectaban.**
- 2000: Tras cuatro años de crecimiento explosivo de internet de las puntocom, las elecciones por primera vez miraron hacia internet y **dedicaron parte del esfuerzo en la comunicación online**. Las principales **herramientas fueron los mails y sitios web con contenido político.**
- 2004: Aparición de los «warbloggers[320]» («**Solía pensar que los blogs personales transformarían a los ideólogos en buscadores de la verdad no partidistas. Hombre, estaba equivocado**» Matt Welch[321]). Aparecen las primeras controversias políticas online, como la desacreditación de la historia de CBS[322] de Dan Rather, que[323] cuestionaba hechos de la carrera de Bush y habilidades de John Kerry. Por primera vez, se ven webs políticas claramente polarizadas.
- 2008: Obama consigue **aumentar su recaudación de fondos gracias a internet,** donde Facebook y Twitter eran recién llegados. Se llamaba Web 2.0!
- 2012: La **inversión publicitaria online siguió siendo**

minúscula, pero **aparecen las campañas de desinformación**, incluido el «birtherism» (Un movimiento en los Estados Unidos de América que duda o niega que el 44° presidente, Barack Obama, sea ciudadano estadounidense por nacimiento, lo que implica que no es elegible para ser presidente).

- 2016: **¡La tormenta de las redes sociales es la protagonista!** Trump basó su campaña en la **publicidad online micro dirigida.** Además, existió una avalancha de desinformación de fuentes tanto extranjeras como nacionales.

- 2020: **Facebook, YouTube, Twitter junto con Snapchat, Instagram, TikTok** sirven a los estadounidenses, tanto para comunicarse con sus políticos como para comunicarse con otros seguidores. Las campañas gastan una parte cada vez mayor de su dinero publicitario en el entorno online. La pandemia Covid aumenta también en las elecciones, la importancia de Internet como canal principal.

LOS 4 PASOS CON LOS QUE LAS APPS NOS CONVIERTEN EN ADICTOS

¿Te levantas y lo primero que haces es comprobar las notificaciones en el móvil? ¿Te sientes extraño cuando no tienes el móvil cerca? Si la respuesta es sí significa que estás cerca de lo que se denomina trastorno del comportamiento que podría derivar en adicción. El 20% de los adolescentes lo sufren por su dependencia a las pantallas[408].

- **Esta manera de crear servicios digitales se enseña.** Uno de los expertos es Nir Eyal, que en su libro Hooked: How to Build Habit-Forming Products [409] (Enganchado: Cómo construir productos que construyen hábitos), explica cómo aplicar lo que se denomina, ingeniería del comportamiento, para aumentar el uso de los servicios digitales.

- **Esta dependencia se da porque los servicios como el mail, las redes sociales o los videojuegos, están creados para piratear nuestro comportamiento**, de tal manera que buscan situaciones de estímulo, respuesta o recompensa, que hacen que volvamos a querer empezar el círculo de nuevo. Esa recompensa libera en nuestro organismo dopamina que es como un chute de bienestar y placer, que te motiva para buscarlo de nuevo en el corto plazo. Este círculo se da por ejemplo, cuando publicamos algo en Facebook o LinkedIn, entramos a los 5 minutos a ver si alguien ha reaccionado y cuando otras personas le dan un «*like*» (indican que le gusta), nos motiva a volver a entrar dentro de otros 5 minutos, para comprobar de nuevo si alguien más le ha gustado nuestro comentario.

- **Son 4 sencillos pasos que condicionan nuestro comportamiento como usuarios:** Los cuatro pasos están explicados tanto en el libro de Hooked[410] como en un artículo del MIT[411]. Todo comienza con un estímulo (paso 1) que captura la atención del usuario cualquier notificación que recibes en el móvil. Esto lleva a que el usuario realice una acción (paso 2) que normalmente es abrir la notificación. Eso lleva a una recompensa (paso 3) que es ver el contenido de la recomendación y el último paso es el de la inversión, donde el usuario dedica tiempo a crear un comentario, para que en el futuro el círculo comience de nuevo. Son la aplicación de la investigación de B. F. Skinner de como inducir los comportamientos deseados en animales[412].

- **Algunos expertos ya están levantando la bandera del peligro que esto supone.** No solo que los grandes gurús tecnológicos que crean los productos no dejan a sus hijos[413] usar servicios digitales libremente, ni que el mismo Nir Eyal haya escrito un libro para poder minimizar las distracciones externas (Indistractable: How to Control Your Attention and Choose Your Life[414]), tenemos a grandes referentes como Scott Galloway advirtiendo de los peligros de este tipo de servicios que empujan hábitos adictivos[415].

- **Las recompensas antes de la tecnología se daban normalmente después de paciencia, trabajo y sacrificio**, ahora en la sociedad del «ahora» las recompensas son instantáneas. Escasean las situaciones donde la paciencia y el esfuerzo tenga una recompensa mayor que las acciones a corto plazo. El gran peligro no está en los cambios de comportamiento en sí, el peligro está en que el sistema educativo, cada uno de nosotros y la sociedad en su conjunto, no entendamos el problema que conlleva.

EL DILEMA SOCIAL, EL DOCUMENTAL DE NETFLIX QUE ABORDA COMO LAS REDES SOCIALES TRANSFORMAN NUESTRO COMPORTAMIENTO Y LA SOCIEDAD SE DEGRADA POR ELLO

Todos sabemos que los servicios de internet y las redes sociales, como Facebook, Twitter, Whatsapp o Google, son gratis porque usan nuestros datos y nuestra atención para que, entre otros objetivos, veamos campañas de marcas comerciales. La sociedad sólo ha tardado 10 años en entenderlo y asimilarlo. Ahora, "The social dilemma" («El dilema social»), el nuevo documental de Netflix[335], intenta acortar el tiempo que tarda la sociedad en asimilar los siguientes aprendizajes sobre esos mismos servicios:

- **Los servicios están diseñados para aumentar lo más posible el tiempo de uso de los usuarios:** Las apps siguen procesos para mantenernos adictos a su uso como las notificaciones[336]. En palabras del documental, **las herramientas informáticas estaban esperando ser usadas y ahora llaman nuestra atención de manera ladina para que volvamos a usarlas** cuando estamos desconectados.

- **El contenido más polarizado es el que más repercusión genera y más se comparte:** Con lo que los algoritmos de esos servicios[337] tienden a utilizar los contenidos polarizados porque son lo que más acciones generan por parte de los usuarios. A los usuarios entonces sólo se les ofrece y sólo leen aquello que refuerza sus ideas y son menos flexibles a buscar puntos de encuentro con los que no piensan como ellos.

- **La potencia de uso de esos servicios tiene un poder que afecta incluso a las democracias:** El uso de las redes sociales u otros servicios va mucho más allá de poner 3 anuncios o 4 fotos de tus hijas... un ejemplo del documental **«Rusia no pirateó Facebook; simple-**

mente usó la plataforma».

- **La gente que creó los servicios no lo hicieron pensando en las consecuencias que conllevarían**... Pero al darse cuenta de que es en lo que se han convertido, algunos de ellos se han convertido en portavoces contra el cambio de esos mismos servicios digitales. El documental está plagado de entrevistas con la gente que creo esos servicios.

Otras críticas más canónicas del documental: Positivas como New York times[338], neutras como WSP[339], o más críticas desde el punto de vista cinematográfico como The Guardian[340]

LAS REDES SOCIALES PUEDEN SER ADICTIVAS PERO LA RESPONSABILIDAD ES TUYA

El común de los mortales ha aceptado «El dilema social» de Netflix como verdad fundamental[341] y **es un documental que acierta en explicar los mecanismos de las grandes empresas como Facebook**. Ahora bien, el papel de las personas en ese análisis queda reducido a meros peones... Hay otras versiones al respecto:

- **Todo lo que entretiene al inicio se tilda de adictivo:** Scott Rosenberg explica cómo los seres humanos han mostrado temor sobre la naturaleza adictiva de cada nueva tecnología de medios[342] desde que el siglo XVIII nos trajo la novela[343] hasta internet, pasando por la radio y la televisión. Hasta ahora, la especie siempre parece recuperar el equilibrio una vez que el enamoramiento inicial desaparece o hasta que aparece la siguiente novedad que engancha. La preocupación es mayor si la popularidad se da sobre todo entre jóvenes y niños.
- Axios nos explica[344] cómo **las adicciones generalmente son impulsadas por un esfuerzo por adormecer el dolor o escapar del aburrimiento**, y las soluciones deben abordar la demanda de la adicción, no sólo la oferta.
    - Las personas con trabajos satisfactorios, familias saludables y culturas nutritivas tienen muchas menos probabilidades de volverse adictas a Facebook o cualquier otra cosa.
- **Las opiniones de los líderes tecnológicos son diferentes:**
    - Mark Zuckerberg sobre Facebook: «Ciertamente no queremos que nuestros productos

sean adictivos», dijo Zuckerberg a Graham en la audiencia del Senado. «Queremos que la gente los use porque son significativos».
- Jack Dorsey sobre Twitter: «Creo que, como cualquier otra cosa, estas herramientas pueden ser adictivas y debemos ser conscientes de eso, reconocerlo y asegurarnos de que estamos informando a nuestros clientes sobre mejores patrones de uso».

• Nir Eyal,[345] uno de nuestros favoritos, se pregunta [346] **¿Por qué esperaríamos a que los políticos o las empresas tecnológicas solucionen esto por nosotros?**
- *Me alarmó que «El dilema social» **no hiciera nada para informar a sus espectadores sobre qué podían hacer para resolver los problemas que presenta**. Lo que esperaba ver en #TheSocialDilemma era una disección sobria y basada en evidencia de realidades complejas, no una narrativa que mostrara a las empresas de redes sociales como monolitos que controlan la mente. ¡No es cierto y no es útil!*
- **No somos impotentes, las redes sociales no son una droga y no somos peones, a menos que queramos serlo.** «El dilema social» es un buen drama, pero un buen drama puede desencadenar malas decisiones. La realidad de las redes sociales y sus desafíos es mucho más mundana de lo que describe la película.

Es necesario que las personas **seamos conscientes de nuestras capacidades y nuestra responsabilidad** para luego pedir cuentas tanto a legisladores como a empresas sobre comportamientos.

LOS GRANDES BENEFICIOS DE LOS MODELOS DE SUBSCRIPCIÓN PARA LAS EMPRESAS

Tanto startups como grandes empresas tienen en los modelos de subscripción el modelo de negocio ideal. Se ha visto últimamente que empresas basadas en otros modelos de negocio están evolucionando a modelos de subscripción; en gigantes del retail tradicional como Walmart[347], en startups locales de retail como PcComponentes Premium[348], o Privalia Premium[349], e incluso como potencial modelo para una red social como Twitter[350].

- **Las personas somos incapaces de calcular nuestro compromiso a lo largo del tiempo, eso significa más ingresos sin necesidad de dar servicio a clientes:** Lo que hace que sólo el 18% de los miembros de un gimnasio van de manera recurrente[351]. Esa incapacidad de estimar nuestro consumo a lo largo del tiempo significa más ingresos, sin tener que dar el servicio prestado a muchos de los usuarios.

- **La incertidumbre es mal acompañante de la empresa, el modelo de subscripción te permite pronosticar mejor el futuro de la empresa:** Compras esporádicas se pueden modelar mucho peor que un modelo de ingresos donde, más allá de las personas que abandonan el servicio, sabes los ingresos de los próximos meses. La recurrencia es importante para entender cómo crecen los ingresos y, por tanto, calcular cómo diseñar tus servicios, tus operaciones y la relación con tus proveedores. La bolsa adora saber los ingresos que están por venir con un nivel de certidumbre alto[352].

- **Un modelo de subscripción hace que te puedas gastar más para conseguir un usuario nuevo:** Si cuando consigues un usuario único sabes que va a gastarse unos ingresos recurrentes, podrás invertir más dinero en conseguir ese usuario. Esto es lo que se explica con la fórmula CLTV (Customer Life Time Value) > CAC[353] (Customer Acquisition Cost), donde CLTV (todo lo que ingresas por un usuario mientras es cliente) debe ser mayor que el CAC (coste de adquisición de cliente).

ENTENDIENDO LAS EMPRESAS BASADAS EN EFECTOS DE RED

El libro «7 Powers»[324] define los efectos de red: **Servicios donde el valor aumenta a medida que el número de usuarios crece.** Es muy difícil saber la intensidad del efecto de red (cuánto valor añade a la red cada nuevo usuario que entra a formar parte de ella). Los típicos ejemplos que ilustran los efectos de red son, el teléfono, donde el primer usuario que tuvo un teléfono y no podía llamar a nadie o, Facebook, donde la primera persona en darse de alta no podía conectar con nadie…

Vamos a construir un par de preguntas que sirven de prueba del algodón para entender si un negocio se beneficia de efectos de red:

- **En los Marketplace (mercados online) el servicio al usuario debe mejorar cuando el número de proveedores (suppliers) se incrementa**: De tal manera que el usuario tiene mejor experiencia cuando hay más coches de Uber, o más marcas en Amazon. Si, por el contrario, la experiencia del usuario no mejora cuando ya hay varios proveedores de calidad, no estás obteniendo efectos de red. Por ejemplo, si construyes un *marketplace* para tiendas locales de productos de esquí, donde las tiendas locales ofrecen las mismas marcas con los mismos precios (fijados por las marcas) no vas a conseguir efecto de red en la oferta, ya que la incorporación de una nueva tienda local con las mismas reglas del juego no ofrece ninguna ventaja extra a los clientes.
  - **En los marketplace se da la circunstancia que el efecto de red es doble** (efecto de red indirecto), ya que más usuarios harán a la plataforma más apetitosa para proveedores, y más proveedores traerán más oferta que volverán al marketplace más interesante para los usuarios.

- **Las efectos de red suelen tender a mercados donde el ganador se lleva todo** (Winner takes it all). Puede ser a nivel local (reparto de comida a domicilio) o a nivel mundial (Airbnb)[325]. Este efecto podemos detectarlo con varias situaciones:
  - Pueden gastar todo el dinero en la adquisición de usuarios aunque «pierdan dinero», para quedarse a medio plazo sin competencia y luego subir precios y rentabilidad, como por ejemplo, Uber en San Francisco, con el precio del viaje del centro al aeropuerto[326]. Lo importante es aumentar el número de clientes más rápido que los rivales, porque ahí radica la ventaja competitiva.
  - La naturaleza tiene su propia versión «Principio de exclusión competitiva»: *Dos especies en competencia biológica por los mismos recursos no pueden coexistir en forma estable, si los demás factores ecológicos permanecen constantes. Uno de los competidores siempre dominará al otro, llevándolo a la extinción o a una modificación evolutiva o de comportamiento hacia otro nicho ecológico.*

- **Los efectos de red conllevan un crecimiento desmesurado, por lo que necesitan una inversión gigante y muy rápida,** para llegar a la cima de usuarios antes que el resto de los competidores, porque no hay premio para el número dos. De ahí que empresas como Uber y Airbnb levanten rondas de financiación con valoraciones, que tiempo atrás, sólo se veían en empresas cotizadas en la bolsa.

De ahí, que este tipo de empresas consigan grandes cantidades de inversión, quemando ciclos muy rápido, mientras los ratios de negocio, si los comparas con negocios tradicionales, no parecen atractivos.

COMO AFRONTAN LAS GAFAM ESTE AÑO CRÍTICO EN BASE A LA MADUREZ DE CADA EMPRESA

Este año las cinco grandes empresas tecnológicos se enfrentan a una crisis triple por I) la pandemia, II) las investigaciones del gobierno y III) las protestas contra la desigualdad racial. Cada una lo vive diferente en base a la etapa vital en la que se encuentran, al menos, de esta manera nos lo describe en un interesante artículo en Axios[366].

- **Facebook saliendo de la adolescencia:** Fundada en 2004, está descubriendo su identidad a medida que tiene que decidir entre tomar parte en los temas candentes de la sociedad. Este año Facebook decide tomar parte lo menos posible en las decisiones problemáticas, tales como los anuncios de corte político[367], para mantener todas sus opciones de futuro abiertas. No responde de manera clara y coherente a las críticas[368].

- **Google, empresa adulta, se plantea su futuro:** Fundada en 1998, se encuentra en una etapa en la que comienza a cuestionarse su futuro. Ha llegado a un punto donde ha de cuidar cada paso que da. Tiene una gran aversión al riesgo, con todo lo que ha conseguido[369] con lo que es mucho menos audaz en que en el pasado: «No seas malvado», el mítico lema de Google, ahora parece una burla cruel del destino. El Google de hoy no puede dar un solo paso sin considerar una regla mucho más modesta: «primero, no cagarla»[370]. Además, YouTube, la plataforma de video de Google, se enfrenta a los mismos problemas de sesgo y anti-competencia de Facebook, y la empresa matriz se prepara para los tribunales.

- **Amazon con el peso de acercarse a los 40**: Fundada en 1995, está sintiendo el peso de cargas pesadas. La empresa tiene múltiples responsabilidades, comenzando por liderar el desarrollo tecnológico de la nube, equivalente al trabajo que le da dinero a la persona de 40 años. Sus servicios de vídeo, música, etc. son el hobby del cuarentón del que habla con sus amigos; mientras que la salud de los trabajadores del almacén[371] son las deudas que todavía tiene y de las que no habla con sus amigos.

- **Apple cerca de los dorados 50 se pregunta si tiene sentido seguir empujando**: Fundada en 1977, tiene las preguntas y dudas de una persona de 50 años que ya cuenta con múltiples éxitos en su historia y se pregunta si puede y tiene sentido volverlo a hacer. Además, no ha reconciliado su espíritu revolucionario del inicio de su existencia con la marca con posicionamiento premium [372] en la que se ha convertido.

- **Microsoft es el abuelo que ya ha pasado por todas las fases**: Fundada en 1976, ahora desempeña el papel de la persona que ha pasado por diferentes estados en la vida «tecnológica» dando algunos ejemplos de cómo amoldarse sabiendo que pasó su momento de dictar el futuro. A la compañía ya le tocó, librar sus propias batallas antimonopolio[373], pelear en el mercado con un rival como Apple o, incluso, llegar tarde a internet o al móvil. Hoy vive del fruto de valiosas inversiones realizadas hace mucho tiempo. Microsoft y su evolución de los últimos años, recuerda a la transformación que tuvo que hacer IBM cuando la propia Microsoft le expulsó de varios mercados. Su relevancia en la mente de los usuarios ha caído enteros, pero su cuenta de resultados está más sana y solida que años atrás.

LA SEMANA DEL FITNESS CONECTADO: RESULTADOS DE PELOTON, SERVICIO DE APPLE Y ZWIFT QUE MEZCLA VIDEOJUEGOS CON DEPORTE

El fitness desde casa en remoto claramente es un tema que está al alza tanto en nuevos productos por gigantes como Apple, en startups que se hacen mayores, cadenas de deporte físico que cierran y servicios que mezclan deporte con videojuegos:

- **Peloton ha informado esta semana de sus resultados espectaculares** durante el último trimestre: Los ingresos casi se han multiplicado por 3 [299] pasando de 223 millones de hace un año, a 607 millones de dólares. La ganancia neta del trimestre fue de 89,1 millones de dólares o 27 centavos por acción. El crecimiento plantea retos a nivel de operaciones[300] (benditos problemas). A nivel de usuarios, el total de miembros creció a aproximadamente 3,1 millones, desglosando por tipos de subscripción:
    - subscripciones de fitness conectadas subieron un 113%, a más de 1,09 millones.
    - suscripciones digitales de pago crecieron un 210%, a más de 316,800.
- **Apple anunció su propio producto de suscripción sobre deporte: Fitness+** con entrenamientos personalizados a los usuarios, donde el servicio seguirá el rendimiento de los usuarios a través del Apple Watch, a un precio de 7 y 10 dólares. Se lanza en países, todos ellos con lengua inglesa: Australia, Canadá, Irlanda, Nueva Zelanda, Reino Unido y Estados Unidos.
- **Flywheel que ofrece clases de spinning en persona** (yendo al gimnasio como toda la vida) **se ha declarado en quiebra como paso previo a cerrar** [301]y es un claro

ejemplo del impacto del COVID, y potencial cambio del comportamiento de los usuarios hacia hacer deporte en casa.

- **Zwift ha realizado una ampliación de capital de 450 millones de dólares** con una valoración de mil millones dólares. Zwift es una plataforma de ciclismo y carreras desde casa. Zwift utiliza lo que llama, una experiencia 'inmersiva y fluida', que motiva a los usuarios con juegos y eventos de fitness como un Tour de Francia virtual. Básicamente, es como un juego de atletismo o ciclismo que, en vez de dar a los botones del mando, tienes que correr y pedalear en la cinta o la bicicleta estática[302].

LA INDUSTRIA DEL PODCAST EN DUDA HASTA QUE PUEDA DAR LAS MÉTRICAS CORRECTAS

La industria del podcast está creciendo rápidamente[393] (eso nadie lo duda). Los ingresos estimados alcanzaron casi los 500 millones de dólares en ingresos en 2018 y se espera que produzca más de $ 1 mil millones para 2021 (IAB & PwC). Los números de 2020 [394] no se quedan atrás.

- **Startups se suben a la nueva ola:** Luminary [395] y Himalaya [396] levantaron cada uno 100 millones de dólares en capital de riesgo; Chartable recaudó[397] 1,5 millones de dólares para empujar las acciones de marketing de los podcast; PodFund[398], un fondo que invierte en creadores de podcast independientes, recaudó [399] 2,3 millones de dólares. No nos olvidamos, por supuesto, de la estrategia de Spotify centrada en el podcast[400].
- **¿Dónde están las métricas de uso?** Lo que más sorprende es que no son públicos los datos de cuanta gente escucha los podcast. Solo descargas directas[401] y subscriptores. Esos datos los pueden generar y ofrecer las apps de podcast.
- **El inicio de las apps móviles tenía el mismo reto:** Cuando en 2008 se lanzó el app store[402] las métricas que se ofrecían eran poco más que descargas y todo el foco de negocio se centraba en el ASO, para conseguir el mayor número de descargas[403] (gratis o de pago) siendo un modelo poco sostenible. Luego llegó el in-app purchase[404] (compras dentro de la aplicación) para alinear un poco más uso y negocio.
- **Asimilar las métricas de uso es necesario para un negocio real de podcast:** Las apps se inspiraron en la web para definir el tipo de métricas de uso[405] (y en cómo

construirlas). Así que la sombra del *hype* (moda) y el reto de la sostenibilidad siempre estará en la conversación, hasta que al menos no sepamos cuanta gente ha estado realmente escuchando un podcast (como DAU o MAU[406] que no son perfectas[407]) y durante cuánto tiempo.

«LA ASFIXIA QUE EXPRIME A LA COMPETENCIA»: STARTUPS CONTRA EL MONOPOLIO TECNOLÓGICO

A Silicon Valley le están saliendo numerosas voces críticas… incluso en su propio terreno natural, el de las startups.

- **Una asfixia que viene de hace tiempo**: los emprendedores se sienten asfixiados por las grandes empresas tecnológicas[374]. Acusan a Google, Amazon, Apple y Facebook de herir a las startups que empiezan o no se han hecho gigantes.
- **Ahora, en primera plana**. Durante enero, la dirección de empresas como Basecamp[375] (autores de entre otros Remote[376] o ReWork[377]), Sonos[378] (su CEO, Patrick Spence), PopSockets y Tile[379] testificaron delante del Congreso de EEUU con un argumento en común: Los gigantes tecnológicos han usado sus posiciones en la búsqueda online, comercio online, publicidad digital y teléfonos inteligentes para exprimir la competencia[380].
- **Una petición clara**: el grupo de emprendedores que ha iniciado estas comparecencias en el Congreso busca una regulación más favorable hacia la libre competencia.
- **Adiós a maniobras de monopolio**: ayer comentábamos como Sillicon Valley cada vez se está volviendo más corporativo y menos emprendedor[381]. El grupo cree que una regulación más clara, evitaría esas maniobras monopolísticas de los cuatro grandes… y las que puedan venir en el futuro.
- **Nadie se lo pondrá fácil**. Por supuesto, los grandes grupos han respondido o bien litigando todas las demandas interpuestas[382] o bien alegando el bien

mayor para el país.[383]

SILICON VALLEY SE VUELVE CORPORATIVO

Existe una conversación sobre la evolución de la cultura de Silicon Valley y de su capacidad[384] actual de seguir creando valor entrando en industrias «tradicionales».

Silicon Valley ha representado siempre el lugar donde las compañías jóvenes luchaban por crear el siguiente éxito, y esa lucha proporcionó un gran número de nuevos productos al mundo, por lo que la innovación se vinculó a las nuevas empresas que empezaban de cero.

Pero los datos parecen apuntar a un cambio en la tendencia:

- **La estrategia agresiva de M&A de las grandes sesga el comportamiento de las pequeñas:** Cuantas más startups compren las grandes empresas, más se fijan las startups como objetivo el ser compradas, en vez de construir un negocio sostenible.
- Por tanto, **las grandes empresas no están generando una nueva ola de empresas,** como lo hicieron en su época *Fairchild Semiconductors*[385] o «Paypal mafia» [386] más recientemente.
- **Es más difícil desplazar las empresas dominantes actuales por su tamaño.** Los 439 unicornios actuales (con valoraciones posiblemente infladas[387]) valen lo mismo que Apple ($1.3 billones de Euros o «trillón en notación americana»).
- **Y no se dejan dividir por el regulador para fomentar la competencia e innovación:** Argumentando que EEUU no se puede permitir perder la batalla con los gigantes tecnológicos chinos[388], donde no se regula la competencia de la misma manera que en EE.UU.
- Y lo que cierra el círculo, **las grandes empresas centran la innovación en procesos**[389] **en vez de nue-**

vos productos. La innovación se frena drásticamente si los nuevos ingresos pueden canibalizar los ingresos existentes. Ejemplos: Xerox tuvo el primer ordenador personal[390] en 1970 y Kodak la primera cámara digital[391].

La guerra tecnológica entre empresas de EEUU con las empresas chinas (más la comercial[392]) es un componente más de la guerra fría de sXXI y una de las cosas que se puede llevar por delante es la ingente capacidad de innovación de las empresas de Silicon Valley.

LA SIGUIENTE OLA TECNOLÓGICA QUE HA DE VENIR

Las olas tecnológicas son fases que duran unos 15 años donde nuevas tecnologías nacen lentas, crecen muy deprisa y se adoptan masivamente para luego convertirse en el nuevo normal. Benedict Evans es quien mejor lo explica:[416]

- **Cada ola tecnológica tiene forma de curva de S:**
  Comenzando lento, siguiendo con un crecimiento exponencial para hacerse el nuevo normal.

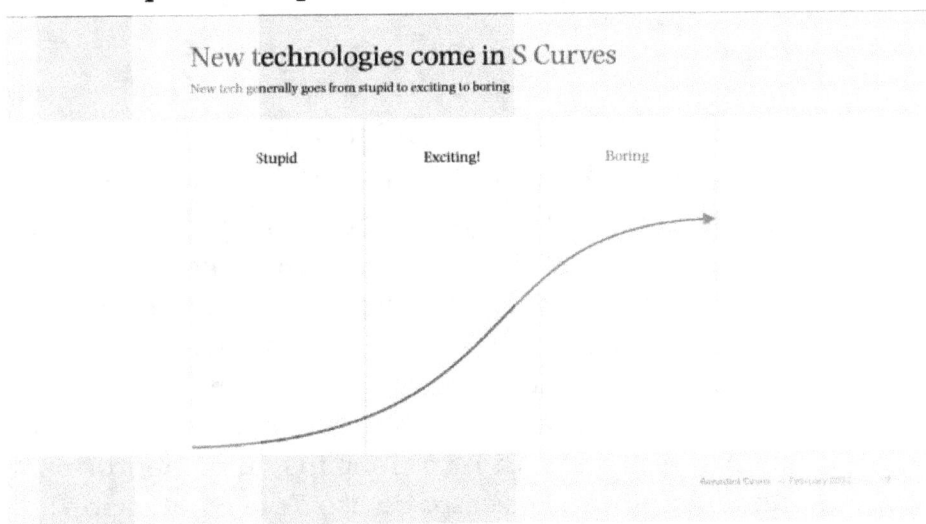

Standings on the shoulders of giants. Benedict Evans

- **Debe tener escala masiva:**
  Cada ola tiene una escala mayor que la anterior. Los mainframes son para las empresas, el PC también se instala en las familias, la web abre los PCs para muchos más casos de uso, y los smartphones son para cada persona, replicando todos los casos de uso de los PCs y creando nuevos.

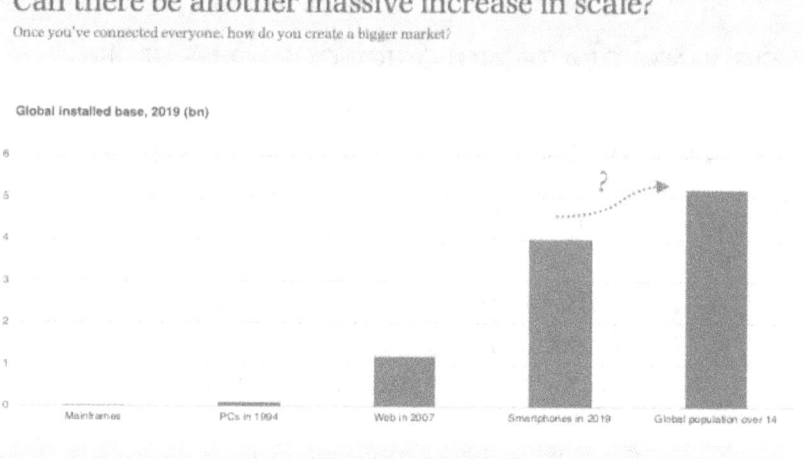

Standings on the shoulders of giants. Benedict Evans

- **Las pistas de la siguiente gran ola:**
  Realidad virtual ha podido despuntar en varios momentos sin cristalizar; la **realidad mixta** tiene demasiada fricción con el usuario para disfrutar de ella (gafas a corto, lentillas a largo) y casos de uso como la pantalla del coche no será suficientes; **Machine Learning** necesita una evolución para que tenga una dimensión enorme. **Crypto** tiene los fundamentos para poder explotar. Los casos de uso de la **conducción autónoma** también tienen la estructura para ser la siguiente gran revolución.

MULTIVERSIAL 2020: UN PUNTO DE INFLEXIÓN EN EL NEGOCIO DIGITAL

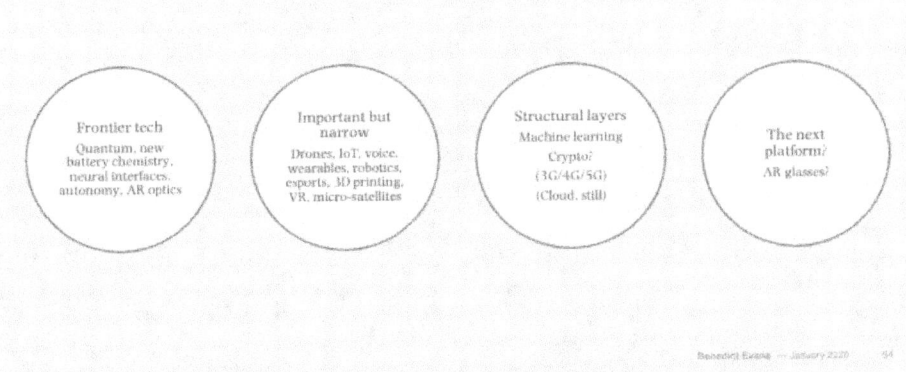

Standings on the shoulders of giants. Benedict Evans

PARTE II

PARTE II: LIDERAZGO, CULTURA DE EMPRESA, GESTIÓN DE PERSONAS Y PRODUCTIVIDAD

Los inversores siempre se preguntan dos cosas a la hora de invertir en empresas de crecimiento exponencial (startups): si el mercado es muy grande y si el equipo fundador puede llevar a cabo la misión de la empresa. Una vez que esas startups despegan y son empresas enormes, su cultura y la gestión de equipos, las diferencian de las empresas tradicionales. Es interesante entender cómo se construye, se alimenta y perdura la cultura de esas empresas. De esa cultura germina una gestión de equipos y una manera de incentivar las personas diferente. De ahí que aparezcan las nuevas tendencias de gestión de equipos, como los OKR, que sustituyen a las actuales. Pero tan importante como la gestión, es la motivación de las personas que pasa por la autonomía, la responsabilidad y contar con equipos pequeños y enfocados.

Es especialmente relevante el rol del líder tanto en la cultura de la empresa como en la gestión de las personas. La imagen de los líderes tiende a ser de estrellas del rock seguras de que es lo que hay que hacer y cómo ha de hacerse. Cuando lees o escuchas a esos líderes, la realidad parece bien diferente, ya que enfatizan comportamientos basados en escuchar, ser cercanos, rodearse de equipo que les complete, buscar mecanismos, maneras de organizar y contrapesos que aseguren el resultado por encima de las personas. La imagen del líder está bien alejada de la realidad, donde quizás lo que más sorprende es la soledad del que es el responsable último de los resultados de la empresa. Los retos del líder son totalmente diferentes del resto de la organización.

Uno de los principales retos es la falta de información, que hace ver solo parcialmente la foto, no únicamente de la industria, lo cual es comprensible, si no de su propia organización. Otro de los grandes retos es comunicar al resto de la organización los objetivos de la empresa, para lidiar con la complejidad a la que la empresa se enfrenta. De hecho, pocas personas tienen la visión completa del líder y eso provoca críticas e insatisfacción en los equipos. Sin duda, la humildad del líder le puede ayudar en otro de sus retos, conocer sus debilidades, ya que la empresa no está diseñada para que los equipos puedan ayudar al líder a mejorar.

Además, poniendo el foco en cada persona, la parte más granular de las empresas, entendemos la capacidad que tiene cada uno de los trabajadores de poder mejorar su productividad con cambio de hábitos, priorizando mejor y entendiendo como puede contribuir mejor al éxito de la empresa.

La pandemia también ha condicionado las relaciones laborales con la forzosa adopción masiva del trabajo desde casa, que como veremos, es diferente al trabajo remoto. Cambiar el lugar del trabajo no es trabajar en remoto. Para poder destapar todos los beneficios del trabajo remoto han de cambiarse hábitos, procesos y mentalidad a lo largo de toda la empresa. Este es un cambio que debía durar varias décadas, de ahí que haya supuesto fricción, dependiendo de la situación de partida de la empresa.

LA CULTURA DE GOOGLE EXPLICADA DESDE DENTRO

El libro de Laszlo Bock Work Rules![417] desgrana cómo se ha construido la cultura dentro de Google. Vamos a dar unas pinceladas de los principales aprendizajes sabiendo que todo el detalle y las historias asociadas están en el libro[418].

- **Dale sentido a tu trabajo y al de tu equipo**: Piensa en tu trabajo como una misión más allá de lo puramente económico. Explicita el motivo final por el que se deben hacer las cosas[419] y los beneficios que reporta el trabajo de cada uno en la vida de los usuarios.

- **Confía en tu gente**: Ofrece confianza, libertad y autoridad para que el equipo trabaje y tome decisiones. Si no estás nervioso con respecto a sus decisiones, no has cedido suficiente responsabilidad.

- **Contrata sólo a personas que sean mejores que tú**: La visión de Lazslo es que hay que buscar a personas que estén por encima de la media de la empresa, sin dejar todo el peso de reclutar talento al manager. El reclutamiento es labor de toda la empresa.

- **No confundas el desarrollo de las personas con la gestión del desempeño**: Uno de los consejos más valiosos es separar las reuniones de feedback de desarrollo profesional de las de evaluación de desempeño del año anterior. Porque son y deben ser tratadas como dos objetivos distintos.

- **Centrarte en los mejores y los peores en organizaciones horizontales**: Con el objetivo de que los mejores estén motivados y tiren del carro, y para que los peores alcancen la media de rendimiento de la empresa. Elimina los símbolos de estatus para aunar el sentimiento de equipo cara a un objetivo común.

- **Sé frugal, comprensivo con el fallo, implacable con la falta de aprendizaje y generoso**: Frugal en costes y en organización llevando los negocios lo más ágilmente posible. Acepta los errores tuyos y de los demás con el aprendizaje que lleva consigo, pero no asumas errores repetidos por no aplicar aprendizajes. Sé generoso en los reconocimientos y en las celebraciones de los éxitos.
- **Paga injustamente**: El ejemplo que describe el libro es pensar cada principio de año qué persona del equipo tienes que evitar que se vaya de la empresa y ajustar los salarios en base a esa prioridad.
- **Empuja y apunta a lo imposible:** Genera una cultura de retos. Reconoce la diferencia entre lo que es y lo que debería ser. Realiza pequeños experimentos que te permita avanzar paso a paso hacia un objetivo muy ambicioso. Atención: Si no llegas al objetivo ambicioso, no debe afectar al desempeño porque si no la gente jugará a buscar y conseguir objetivos poco ambiciosos.
- **¡Disfruta en el trabajo! Y luego vuelve al primer punto y comienza de nuevo.**

3 MANERAS DE MEDIR EL IMPACTO EN EL NEGOCIO EN BASE A LÍDERES CON INTELIGENCIA EMOCIONAL

Los estudios de inteligencia emocional no dejan indiferente a nadie, hay detractores e impulsores a partes iguales. Las investigaciones que más se acercan al impacto al negocio hacen que los seguidores aumenten explicando por ejemplo que los líderes con alta inteligencia emocional pueden mejorar el negocio:

1. **La inteligencia emocional está vinculada al alto rendimiento**: De una encuesta realizada[520] se extraía que el 90% de las personas con mejor desempeño tienen un alto nivel de inteligencia emocional. Mientras que las personas de bajo rendimiento solo el 20% tienen un alta nivel de inteligencia emocional.

2. **Hay relativamente pocos líderes con alta inteligencia emocional en puestos de liderazgo senior**: De un estudio de Harvard de 2005[521] se extrae que la inteligencia emocional de un ejecutivo aumenta a medida que asciende en puestos gerenciales, alcanzando su punto máximo en el nivel de gerente y descendiendo significativamente al puesto de CEO.

3. **Los líderes emocionalmente inteligentes lideran equipos de mayor rendimiento:** La capacidad de motivar a los equipos y sobre todo la capacidad de transmitir la misión y el propósito de la empresa en cada departamento depende de la inteligencia emocional de los managers. Como consecuencia adicional, equipos de mayor rendimiento facilitan los procesos de atraer talento a la empresa. La alta rotación además es un coste grande para las empresas.

BENEFICIOS Y RETOS DEL TELETRABAJO CONTADO POR LOS EXPERTOS

REMOTE [422] es el libro que no puedes parar de leer para construir una cultura de trabajo remoto. El teletrabajo genera dudas y retos y, en este libro, se explican de manera sencilla y con ejemplos. El autor es Jason Fried, fundador de 37 Signals [423] empresa que desarrolla Basecamp [424] (que, por cierto, tiene una espectacular actualización) y creadora del framework ruby on rails.

- **Es el momento adecuado para el trabajo remoto**: Dedican un capítulo entero a mostrar cómo las herramientas están preparadas para poder trabajar en remoto[425]. Ahora, durante la crisis del coronavirus, es una obligación en cada vez más sitios.

- **Las reuniones cara a cara están sobrevaloradas**: La gente cree que bien la creatividad o bien la gestión sólo funciona con la gente junta alrededor de una mesa. No es así,[426] la creatividad es un músculo[427] que se entrena (tanto la incremental como la disruptiva) y en el caso de la gestión, la interacción en remoto puede incluso ser mejor que la presencial.

- **Gestionar trabajadores remotos**: El principal reto es dar autonomía a las personas y medir por resultados. Eso implica dejar de gestionar sillas ocupadas (y por tanto también el horario). Por cierto, con trabajadores responsables y autónomos hay que estar atento al exceso de trabajo, no al trabajo insuficiente[428].

- **La vida como trabajador remoto**: Lo importante es encontrar la rutina que funcione. No tiene por qué ser remoto 100%, ya que se puede apoyar en coworking o en trabajo en oficina cada x días. Además, hay que tener cuidado con mantener la separación de espacios (trabajo, personal), si no quieres necesitar ayuda para dejar de hacer caso al móvil / pc[429].

- **Riesgo de estar demasiado aislados**: Hay que dedicar esfuerzo para mantener relaciones sociales ya sea con otros trabajadores en remoto, o con tu red local. Ya que las personas somos sociales por naturaleza y es una necesidad que tenemos.[430]

- **Trabajar desde casa aumenta la calidad del trabajo**: En lugar de preguntar a un trabajador remoto «¿Qué hiciste hoy?» ahora deberías preguntar: «Muéstrame lo que hiciste hoy». Como responsable, puedes evaluar directamente el trabajo, lo que le está pagando a esta persona, e ignorar todo lo que realmente no importa. Y esto está mucho más alineado con la gestión por OKR[431].

- **Los dos mayores inconvenientes de la productividad son las reuniones y los managers:** Cuando las reuniones son la herramienta de referencia para discutir, debatir y resolver cada problema, ya no funcionan[432]. Demasiadas reuniones destruyen la moral y la motivación. Lo mismo ocurre con los managers que, cuando se ven obligados a administrar de forma remota mediante correo electrónico o chat, su intervención es mucho más directa y eficaz, y el resto puede continuar con el trabajo real.

LA ASINCRONÍA EN LA COMUNICACIÓN ES LA CLAVE DEL TRABAJO REMOTO, SI NO LO PRACTICAS ESTÁS PERDIENDO MUCHO TIEMPO.

Mucho se ha hablado[433] de los diferentes niveles del teletrabajo o trabajo distribuido sobre todo en base a la pirámide de Matt Mullenweg[434], de sus ventajas, [435]y de cómo lo que vivimos no es teletrabajar sino sobrevivir[436]. A mí me gusta definirlo como hacer «malabares», ya que tienes 5 bolas en el aire y esperas que no se caiga ninguna. La clave para que el trabajo distribuido funcione, es la asincronía en la comunicación de la empresa, procesos y los equipos. Esto significa que la solución por defecto no ha ser una llamada de teléfono, o videollamada, o que te respondan inmediatamente a un chat. Y además lleva ventajas que uno no espera:

- **Trabajar en modo asíncrono te fuerza a hacer mejor tu trabajo:** El mensaje para ser útil ha de ser autocontenido, y para ser autocontenido necesita que lleve el contexto necesario, la correcta explicación del problema, las opciones con los pros y contras.
- **Trabajar en modo asíncrono reduce repetir las cosas:** El cerebro hace que las personas busquemos la manera más efectiva en esfuerzo de hacer las cosas y una llamada requiere menos esfuerzo que escribir. Pero lo que queda escrito (o grabado) se puede utilizar muchas más veces con otros compañeros. De ahí que para alinear grupos es mucho mejor utilizar mensajes escritos, como el típico mensaje de los viernes resumen de la semana para que todos los miembros del equipo estén en la misma página. Consejo del libro Remote[437].
- **Asíncrono te fuerza a respetar el tiempo de los demás**: Cuando estamos concentrados trabajamos mucho mejor que con interrupciones, por lo que tra-

bajar de manera asíncrona permite al usuario elegir cuando contesta a los demás compañeros o cuando realiza trabajo de manera individual. Algunos ponen el correo en modo sin conexión para conseguir el mismo efecto.

Pero hay retos de cada trabajador para llegar a ello:

- **Las personas ya no tienen límites físicos para dividir su jornada laboral:** Cada trabajador es responsable de establecer el horario de la jornada laboral sin que haya un elemento físico como el transporte que defina claramente los límites de la jornada. El riesgo real no es que se trabaje menos, si no que el trabajador tenga la sensación de que no trabaja suficiente y haga más horas de las establecidas.

- **Cada persona tiene que hacer un esfuerzo extra a corto que se ve recompensado a largo:** Has de convencer a todos los integrantes que aumentar la información a transmitir y hacerlo de manera escrita. Este cambio de comportamiento mejora la eficiencia de los compañeros y elimina muchos de las confusiones y errores de procesos.

HARVARD: COMUNICACIONES ENTRE COMPAÑEROS DEBEN LIMITARSE A UNA PARTE DE LA JORNADA, LA OTRA PARTE ES PARA CONCENTRARSE

Las interacciones entre los miembros de un equipo **pueden hacer que la mayoría del tiempo de tu jornada se vaya en diferentes conversaciones que no son tus prioridades**. Harvard lo define de manera cristalina.[438] Hay varias maneras para evitar esta situación y no ser un "mal" compañero de equipo:

- **Programar y publicar en que horario estarás disponible para dudas** y preguntas. Puede suponer un 25% de tu jornada o incluso más si es necesario.
    - Ahora las herramientas de comunicación remota muestran sin estás libre u ocupado y te pueden ayudar a hacerlo más flexible, como por ejemplo Minglr o el estado en Slack o Teams.
- Idealmente, **si los miembros del equipo coinciden al mismo tiempo en ese tiempo de "comunicación", las dudas se resolverán más rápidament**e, pero a la vez se ha de asegurar que ese conocimiento no se pierde en un chat 1a1 o en una llamada 1a1 y que luego pasa a formar parte del conocimiento del grupo
    - **Si hay conversaciones o explicaciones en directo es muy recomendable grabar las sesiones**, para que esa inversión de tiempo no se pierda. Puede ser utilizada para revisar las dudas por la persona que hace las preguntas y de nuevo puede servir tanto para el resto del equipo que no ha asistido a la reunión como para futuros miembros del equipo.
    - Un buen **hábito es pedir a la persona que ha expuesto la duda que la explique a todos por escrito la conversación que acaba de suceder**, de esta manera compruebas el nivel de en-

tendimiento del problema y además aseguras que pasa a ser parte del conocimiento colectivo.

- **La comunicación asíncrona cuesta más** pero a la larga es mucho más efectiva[439], ya que la explicación escrita beneficia tanto al que ha hecho la pregunta como a la persona que entre al equipo tiempo después

NO MEZCLES LA EVALUACIÓN DEL DESEMPEÑO Y LOS PUNTOS A MEJORAR EN LA MISMA REUNIÓN PORQUE NADIE TE ESCUCHA... 3 MANERAS DE EVITARLO

Hay reuniones en las que tienes que explicar la evaluación del desempeño del último año y a la vez explicar en que puede mejorar la persona del equipo y como lo puede hacer. La manera más efectiva de dar esos dos mensajes es tener dos conversaciones diferentes y eso pasa por no hacerlo en la misma reunión. La motivación de la gente puede ser intrínseca o extrínseca (e incluso transcendental si lo que haces es por el bien de la sociedad) y los modelos para motivar han cambiado[420] en los últimos 100 años.

- **Motivación intrínseca es la clave del crecimiento, pero la evaluación del desempeño destroza esa motivación:** Cuando enseñamos el camino para ser mejores, la gente se crece, pero cuando lo incentivamos con motivación extrínseca (como, por ejemplo, promociones o subidas de salarios) la gente pierde la motivación[421]. Este es un argumento para separar las conversaciones, para que la persona que recibe consejos de cómo mejorar, esté abierto a asumirlos, no por la promoción deseada, si no por su deseo innato de aprender y progresar.
- **Las reuniones de mejora (*feedback*) pueden ser más frecuentes que las de evaluación del desempeño:** Si en tu empresa la evaluación del desempeño es anual, puedes configurar las reuniones de feedback cada 3 o 6 meses sin que coincida nunca con la de desempeño. El truco es que no coincidan las reuniones.
- **El proceso debe darse la vuelta. La persona que ha de mejorar necesita ser dueño de ese proceso de mejora:** La persona debe ser proactiva en pedir las reuniones de consejos y puntos a mejorar. Llevar notas

de las reuniones y buscar ejemplos donde se sienta perdido. Al final el manager, y el resto de los compañeros, están alrededor suyo para ayudar a crecer, pero solo se consigue si es uno mismo quien empuja.

OKRS: LO QUE DEBES SABER DEL NUEVO HYPE (MODA) SOBRE OBJETIVOS Y GESTIÓN DE EQUIPOS

OKR es el acrónimo en inglés de **Objectives and Key Results**[466], que en español lo traducimos como **objetivos y resultados clave**. Estos son objetivos que se ponen los equipos para lograr crecimiento y mejora continua. Advertencia: Debe ser un **cambio grande para que tenga impacto real**, si no se quedará en maquillaje para seguir haciendo lo mismo.

Lo que debes saber:

- **De Intel a Google:** Su creador fue Andy Groove que los perfeccionó en Intel y John Doerr[467] lo cuenta en su libro «Mide lo que importa»[468], a través de su experiencia como gestor de capital riesgo y su interacción directa en Google.
- **Sinónimos de éxito:** Se hacen famosos y se extienden por Sillicon Valley por ser responsables de empresas como el caso de Google[469] o el de Linkedin[470].
- **Buscan que el negocio crezca de manera rápida** alineando a toda la organización y por lo tanto, diferentes departamentos con objetivos diferentes.

Principales beneficios:

- Se consigue **foco y compromiso** de toda la organización **hacia los objetivos globales.**
- Se puede **alinear y conectar roles con responsabilidades totalmente diferentes** (desarrolladores y marketing, por ejemplo) hacia un objetivo común.
- **Se tiene capacidad de medir el éxito de los objetivos** definidos en base a las acciones tomadas. Esto no debería ser muy diferencial si estás midiendo tu rendimiento con KPI de manera correcta.
- Se ha de apuntar muy alto, a lo increíble.

Puesta en marcha:

- Se **establecen unos objetivos ambiciosos, claros y medibles** por parte del equipo («Top – Down» Arriba a abajo), las acciones a llevar a cabo y como se va a medir cada objetivo.

- **Cada persona o grupo de persona elije en que objetivo** (*«bottom* – up» Abajo a arriba) quiere aportar y define las tareas con las que va a aportar a ese objetivo.

- El **trabajo del manager ahora es balancear la ambición** de los objetivos individuales, para que no se queden cortos ni sean imposibles de alcanzar.

- **Los OKRs no deberían estar asociados a la evaluación del desempeño,** porque un escenario ideal es que se cumplan el 70% de los OKR y si la evaluación del desempeño va ligada al OKR, los equipos tenderán a poner OKR menos ambiciosos.

INTRADUCIBLES: ONBOARDING

Onboarding traducido literalmente significa embarque, pero en el mundo empresarial tiene varias acepciones que se han ido creando a lo largo de los últimos años:

- **Significa proceso de bienvenida de nuevos empleados:** Se comienza a usar desde 1970 en la gestión de personas definido como el proceso en el que las nuevas incorporaciones adquieren el conocimiento y las habilidades necesarias para el puesto[472] que han sido contratadas.
- **En el entorno de servicios digitales, sería proceso de alta más el aprendizaje:** No es sólo el proceso de alta donde el usuario crea su identificador, sino que también incluiría lo que antes se llamaba el tutorial del servicio para aprender la funcionalidad.
- **Onboarding digital es clave en la economía de los servicios:** Desde el punto de vista del funnel de marketing puede representar fricción [473] que haga que usuarios se «caigan» y no pasen a la siguiente fase. Sin duda los videojuegos han sido referentes[474] reduciendo esa fricción, mezclando el alta con el tutorial, con el objetivo de que el usuario empiece a disfrutar desde el primer momento.
- **El reto está en que el onboarding sea personalizado:** Ya sea en la incorporación de nuevos empleados como en la de servicios, el proceso debería tener en cuenta las habilidades y el conocimiento de la persona, para adaptar el proceso en sí mismo.

5 MANERAS DE MOTIVAR AL EQUIPO NO RELACIONADAS CON SUELDO

TheNextWeb nos presenta 5 maneras de motivar[471] a los equipos a los que queremos añadir ejemplos:

1) Entender tus empleados es clave para poder solventar sus necesidades, ya sea conciliación, nuevos retos o formación. Una vez entendidas sus necesidades tomar decisiones acordes es más fácil.

2) Un objetivo de la empresa es hacer que los trabajadores puedan realizar su trabajo de la manera más cómoda posible. Con lo que cada proceso nuevo debería pasar un test para saber si complica o mejora el día a día de los trabajadores a parte de cumplir con el objetivo para el que estuvo diseñado.

3) Libertad, motivación y autonomía van de la mano, cuando las personas se sienten responsables de su trabajo están más motivadas para eso necesitan libertad de elegir cómo llevar a cabo su trabajo y autonomía para hacerlo.

4) Hacer crecer cada miembro del equipo. Ya sea mediante expertos o mentores internos o con nuevas tareas más cercanas a los intereses de los trabajadores.

5) Ser honesto con las decisiones, hará que el equipo entienda las razones y mejore la concepción de quien toma las decisiones.

¿ERES UN GERENTE O UN LÍDER?

Ateniéndonos a las definiciones teóricas, un *líder* es **la persona que dirige una empresa y tiene la máxima responsabilidad principal sobre la organización**, que contribuirá al éxito o fracaso de la misma. Mientras que un **gerente es la persona que lleva la gestión de una empresa, negocio o institución**. Puede parecer lo mismo, pero **hay diferencias abismales en los detalles**.

- **El líder construye o remodela su organización y la cultura para llegar a la visión**, mientras que el gerente es quien toma la responsabilidad de gestionar esa organización con la cultura de la empresa para llegar a los objetivos.
- **Un líder nunca ha de zafarse de los problemas o de los errores, si algo no funciona, el líder debe hacer algo porque es SU responsabilidad.** Un gerente puede mirar a otras partes del negocio buscando las razones de los problemas.
- **Un líder tiene mayor grado de libertad en la toma de decisiones y para organizarse, ya que la responsabilidad es enteramente suya.** El gerente tiene delimitadas sus líneas de actuación de lo que puede y no puede decidir.

Si te has de quedar con una frase: *"El gerente puede preguntar qué es lo correcto; el líder debe saberlo."*

Para saber más:

- Según Andy Grove: El resultado del líder es el resultado de su organización. Para saber más, puedes leer «High Output Management» [496] de Andy Grove.
- «Un CEO de primer nivel es un ejecutivo que ve el cambio venir, seis, nueve, 12 meses antes que los demás y tiene la capacidad de cambiar de rumbo frente a la

oposición de todos los demás que están contentos con status quo» Code Cubbit[497]

¿ERES UN LÍDER? ENTONCES DEBERÍAS ESTAR LIDIANDO CON ESTAS 7 TENSIONES SEGÚN HARVARD

La nueva manera de liderar pasa por hacer la pregunta adecuada en vez de dar la respuesta correcta, para que tu equipo crezca al encontrar las soluciones a los problemas. La antigua manera de liderar se basa en la autoridad formal del cargo. La versión revisada del autoritas vs potestas en el imperio romano[499]. Ese balance entre estilos de liderazgo crea 7 tensiones en los líderes actuales que Harvard nos explica[500]:

1. **El líder es el experto o el alumno**: donde antes el líder era aquel que tenía todas las respuestas, mientras que ahora el líder es quien aúna al equipo aprendiendo de los expertos de su equipo[501].

2. **Visión obstinada o abierta a reconocer los errores:** La confianza se basa en tres factores: Relaciones positivas, buen juicio y compromiso con su discurso[502]. El líder emergente ha de añadir en cada una de las 3, la capacidad de errar y admitir el error, aumentando si cabe la confianza en él.

3. **Táctico vs visionario:** El líder ideal es el que sabe dónde quiere ir y sabe cuál son los primeros pasos hacia esa dirección, ahora bien, la mayoría de los líderes son fuertes sólo en uno de las dos habilidades.

4. **El hablador contra el que escucha:** De nuevo, los líderes suelen definirse o bien dictando lo que se debe hacer o escuchando, difícil es saber cuándo escuchar al equipo y cuando tomar la iniciativa.

5. **Aglutina poder o reparte juego:** Tradicionalmente el líder toma todas las decisiones y son siempre la cara visible, mientras que ahora aparece otro estilo de liderazgo, donde la imagen de fuerza de un líder es la suma de la imagen de todo su equipo.

6. **Decisiones en base a intuición o en base a datos:** La dificultad proviene de saber que parte no estás midiendo, para ponderar los datos que tienes con la foto

completa.

7. **El perfeccionista contra el acelerador:** Cuando sabes lo que hay que construir, puedes ser perfeccionista, cuando has de averiguar si algo funciona necesitas prueba y error lo más ágil posible.

CALCULA TU NIVEL DE INCOMPETENCIA COMO LÍDER

Los líderes de las empresas son la parte clave en la motivación, cultura y resultados de la compañía. Por eso, es clave entender qué es un líder tóxico y sus consecuencias[503], con el objetivo de aprender a evitarlos.

Estas son las claves de Harvard [504] en cuestión de evitar liderazgo tóxico:

- **Primero, evalúa tu nivel de incompetencia:** Para evitar sesgos en el cuestionario es mejor hacer el test AQUÍ antes de seguir leyendo[505].
- **Liderazgo incompetente se mide en los efectos perjudiciales sobre la organización**: El líder o responsable es la principal razón[506] de que los subordinados busquen otro empleo[507]. Ejemplo clásico que demuestra la incompetencia de liderazgo, es poder medir cuanta gente abandona un determinado equipo comparado con la media de la empresa.
- **Sorpresa, los incompetentes no saben que lo son:** La auto-valoración no sirve para detectar[508] la incompetencia.
- **Sobra arrogancia y falta aplicar la duda metódica:** Contrariamente a la creencia popular, la mayoría de las personas están demasiado seguras de sí mismas, en[509] lugar de buscar datos para apoyar sus afirmaciones o buscar respuestas nuevas.
- **Confianza y competencia no es lo mismo:** La confianza (lo bueno que *crees* que eres) es principalmente beneficiosa sólo cuando está en sincronía[510] con tu competencia (cómo de bueno eres en *realidad*).
- **La meritocracia debería ser clave en la elección de un líder:** Si los gerentes seleccionarán líderes en base a

su talento y potencial, en lugar de la auto-promoción maquiavélica[511], la toma de riesgos imprudentes o las ilusiones narcisistas, terminaríamos con mejores líderes (seguramente habría más tímidos[512] y más mujeres).

- **Existen herramientas, pero las empresas no las usan:** A pesar de la disponibilidad de tales herramientas[513], muy pocas organizaciones las están utilizando. El problema por tanto no es la incapacidad de detectar la incompetencia, sino que con mayor frecuencia elegimos ser seducidos por ella.

LAS PIEDRAS EN EL CAMINO DE LA INNOVACIÓN EN LAS GRANDES EMPRESAS

Harvard hizo en 2018 un estudio sobre los obstáculos de la innovación[484] en las empresas grandes. Entendamos la innovación como «Creación o modificación de un producto, y su introducción en un mercado». La RAE nos da luz[485], recordándonos que la introducción al mercado forma parte de la innovación, aunque en muchos casos, nos olvidamos de ella.

- **Juego de tronos donde cada uno empuja con un objetivo distinto:** Política, guerras territoriales y falta de alineación (55% de los encuestados) es el motivo más citado. Sin sorpresas en este punto.

- **Desafiar status quo**: Las frases como «Eso ya se intentó» o «No va a funcionar» ponen de manifiesto que la innovación desafía los procesos actuales y a veces incluso el negocio core (corazón del negocio). Este desafío además genera una fuerte reacción de las personas que forman esos procesos «en riesgo» por proyectos de innovación (45% de los encuestados).

- **Cerrar los ojos ante los cambios que están pasando**: Sólo el 18% de los encuestados ve problemas en su empresa para captar cambios de la industria (señales de alarma), pero el 42% cita la inacción frente a esos cambios como un problemas grave.

- **Y si cierras los ojos, seguramente no hay visión de compañía:** El 36% de los encuestados cita la falta de visión de la empresa como un problema para innovar. Lo cual nos dirige a la falta de cultura de innovación (iteración, comunicación, equipos multidisciplinares, responsabilidad, etc.). La visión a largo plazo es fundamental [486]para desarrollar tareas de innovación.

- **No hay dinero si no hay retorno a corto**: Si la prioridad es el final del trimestre, el presupuesto destinado a innovación se medirá por el margen o ingresos generados también a corto plazo, insuficiente en la mayoría de las industrias (41% de los encuestados).

LO QUE NO TE CUENTAN DE SER INTRAEMPRENDEDOR

Llevamos una década donde la épica del emprendedor nos abruma, siendo los fundadores de startups los nuevos atletas que nos inspiran[514]. También ese halo de éxito se da en el ámbito de las grandes empresas, donde existen los intraemprendedores. Por supuesto, hay voces que nos ayudan a tener los pies en la tierra[515], pero artículos como el de Harvard de esta semana[516] no ayudan a dar el barniz de realidad.

- **Nadie duda que dar responsabilidad y *Ownership* multiplica la motivación:** No se puede explicar mejor que en este vídeo[517], pero la responsabilidad y *ownership* se puede fomentar en cada puesto de trabajo[518] sin ser emprendedor o intraemprendedor. Si no estás nervioso con respecto a las decisiones de las personas de tu equipo, no has cedido suficiente responsabilidad.[519]

- **Durante la mayor parte del tiempo solo ves tú la oportunidad:** Muchas veces requerirá un esfuerzo mayor la venta interna que la externa con los clientes. Que sea algo nuevo añade riesgo y eso es algo con lo que por muchos que leamos sobre aprender sobre los fallos, tendemos a evitar por nuestro instinto de supervivencia.

- **Tendrás «enemigos» dentro de tu propia empresa:** La organización puede no estar diseñada para afrontar esa oportunidad (la oportunidad cae a caballo de dos unidades de negocio). Puede que tengas en contra unidades tradicionales porque esa oportunidad erosiona o poder interno o ingresos en declive…

- **Vas a tirar del carro … pero de uno sin ruedas:** Es decir se necesita gente que esté preparada para no desfallecer en el primer No, que entienda los motivos del re-

chazo para indagar más y poder convertirlo en un Sí.
- **Si hay resultados positivos estarán sepultados:** Al principio cuesta distinguir lo que son resultados positivos porque no hay histórico con el que comparar, o por desconocimiento de la industria... Incluso cuando un cliente empieza a usar un servicio de innovación, puede estar contento con los resultados, pero a la vez querrá pagar lo menos posible (o no pagar) y el intraemprendedor ha de demostrar internamente que ese producto tiene potencial comercial...

EQUIPOS PEQUEÑOS PARA DOMINARLOS A TODOS

Los equipos pequeños están muy de moda desde que la metodología Agile y su manifiesto [487] se ha convertido en la filosofía de desarrollo software gestión de equipos[488] más utilizada (o *mainstream*):

- **Mucho más integrados:** No hace falta silos (ni cuando creces increíblemente[489]) dividiendo los equipos entre tecnología, PM, diseño, etc. Si no que cada equipo (o *Squad*) interdisciplinar se centra en un objetivo de negocio medible y ambicioso a conseguir[490].

- **Soluciones más globales y escalables**: Cuando tienes mucha especialización solo ves el problema desde un punto de vista[491]. Las soluciones provistas por un equipo pequeño tendrán siempre ambición global, aunque sean soluciones incompletas. Podrán ser incluso más innovadoras[492].

- **Foco y responsabilidad**: Es la pieza central de los equipos pequeños como si de un título de una novela de Jane Austin[493] se tratara, ya que cuanta más gente hay en un equipo, más vago se puede volver cada individuo ya que se siente menos responsable (Ringelmann effect[494]).

- **Comunicación más sencilla:** Las conversaciones uno a uno crecen exponencialmente con el tamaño del equipo. Las herramientas de productividad y comunicación ayudan, pero cuanto más pequeño sea el equipo, más fácil que todo el mundo esté en la misma página. Amazon lo lleva haciendo décadas con su ínclita regla de las dos pizzas[495]

LAS CUATRO PERSONALIDADES NECESARIAS PARA QUE UN EQUIPO TENGA ÉXITO

Un equipo ya sea un departamento de una **empresa consolidada o una startup, debe tener diferentes roles para cubrir todos los retos del equipo,** ya que hay equipos que consiguen éxitos independientemente de la calidad de la idea. Según Bill Gross, fundador de Idealab[498], una de las primeras incubadoras, los mejores grupos tienen una combinación de cuatro tipos de personalidades que muestran habilidades complementarias:

- **Emprendedor (E) es la persona que tiene la visión, quien imagina que algo es posible.** Es la persona que comienza a mover el proyecto en su incepción, quien ve algo que no existe, pero que puede existir y que tendría valor para determinadas personas. Normalmente va un poco más allá del «estado del arte» o de lo que normalmente se ha hecho hasta ahora, porque por el resto de las personas lo siente como un reto.

- **Productor (P), es el rol de quien hace que las cosas sucedan**, quien realmente traduce la visión en diferentes pasos consecutivos para ser construido, además ejecuta los pasos y lidera la ejecución, e incluso lo lleva a comercialización. Además, es responsable de la mejora continua, de las posibles evoluciones del proyecto / producto.

- **Administrador (A), la persona que se encarga de la parte burocrática.** Tiene una parte de solucionador de problemas, y otra parte de organizador. El perfil es necesario cuando el equipo crece y más si están en una empresa grande, ya que lidiar con los procesos internos, desde compras hasta reportar, lleva tiempo y esfuerzo.

- **Integrador (I), es una «persona sociable» que comprende los otros tres tipos de personas y les ayuda.** Es el pegamento que hace que el equipo esté unido y trabaje sin mayores problemas entre las personas. Cada tipo de personas tienen objetivos distintos, así que para que el equipo funcione hay que crear intereses profesionales o personales comunes, un lazo de unión a nivel personal para que todo el mundo pueda dejar el ego a un lado y trabajar como equipo.

Si pensamos en una nueva iniciativa normalmente se da en el siguiente orden:

1. **Emprendedor tiene una visión y se alía con un Productor** para comenzar el viaje de construcción de algo nuevo.
2. El equipo crece y alguien, **el rol de administrador, se tiene que encargar de organizar el trabajo** y facilitar que el resto del equipo se dediquen a hacer lo que mejor hacen.
3. Para cuando el equipo ha crecido, seguramente haya **alguna persona o más de una, que haya tomado el rol de hacer que todo el mundo congenie,** o habrá problemas entre los diferentes integrantes del equipo

LOS 5 SESGOS (...Y CÓMO EVITARLOS) DE LOS DATA SCIENTIST Y DE CADA UNO DE NOSOTROS

Los científicos de datos (data scientist) deben conocer los sesgos humanos para poder corregirlos y tener los mejores resultados. Pero no solo los *data scientist*, roles como gerentes de empresa, ingenieros, biólogos etc. están sesgados. Si conoces los sesgos del ser humano, podrás minimizar sus consecuencias en tus acciones.

- **Sesgo de supervivencia que te hace mirar solo a una parte de los datos:** Este sesgo se produce cuando solo tienes acceso a un tipo de datos no a la foto completa. El ejemplo más gráfico: El proyecto para reforzar los aviones de la segunda guerra mundial en base al daño recibido en los aviones. Al fijarse solo en los aviones que regresaban a la base veían daño en las partes menos críticas, porque daño el partes críticas hacía que el avión no pudiera volver a la base[460]. En las startups este sesgo se da cuando te fijas solo en las startups que tienen éxito y extraes patrones y comportamientos claves. Sin analizar las startups que no llegan a tener éxito tus análisis seguramente estén sesgados y necesitas ver todas las startups para identificar patrones clave y diferenciales.

- **El ancla que significa el coste hundido:** Todo lo que trabajamos en un proyecto hace que nos sea más difícil cancelarlo. La lógica fría te dice que al tomar una decisión sobre si cancelar o seguir con un proyecto deberías solo decidir en base a la información sobre la viabilidad del proyecto, independientemente del tiempo o dinero que has invertido en él[461]. Otra cosa diferente es que necesites tener más información para tomar la decisión, y eso te puede llevar a la típica «parálisis por el análisis»

- **Correlación no significa causalidad:** No nos dejemos confundir por nuestro cerebro que está en búsqueda continua de patrones, incluso en el caos. Es la principal objetivo de los análisis... entender que ha pasado para que no se repita. La correlación significa cuán fuertemente están relacionados linealmente y cambian juntos el par de hechos/sucesos o variables[462]. Pero que dos sucesos se den a la vez no significa que uno sea causa del otro. Los ejemplos son abundantes: Helados y muertes por ahogamientos.[463] Aquí link a correlaciones divertidas.[464]

- **Sesgo de disponibilidad**: ¿Alguna vez has dicho algo parecido a: «La cerveza no engorda, porque Alberto bebe mucho más que yo y está delgado». Este es un sesgo de disponibilidad. Estás tratando de darle sentido al mundo con datos limitados o ejemplos insuficientes. Las personas no sabemos si los datos a mano son suficientes o no... pero deberíamos intentar saberlo

- **Sesgo de confirmación**: Todos tenemos algunas creencias, un modelo mental para afrontar el día a día. El trabajo del modelo mental es para facilitar y simplificar la toma de decisiones cualquier cosa nueva que ocurra se pasa por ese modelo mental. Ese modelo trabaja de manera inadvertida en la forma en que formamos nuestras hipótesis. A menudo interpretamos nueva información y la forzamos para que se vuelva compatible con nuestras propias creencias[465]. Leemos las noticias en el sitio que se ajustan más a nuestras creencias. Hablamos con personas que son como nosotros y tienen puntos de vista similares. No queremos obtener evidencia desconcertante porque eso podría llevarnos a cambiar nuestra visión del mundo, algo que podríamos tener miedo a hacer. Ser consciente de este sesgo es primordial para poder avanzar y controlarlo evaluando los hechos desde diferentes ángulos o modelos mentales.

NO PIENSES EN SER PRODUCTIVO, PIENSA PRIMERO EN ESTAR ENFOCADO

Así de simple, y cuanto más lo leo, más sentido cobra en mi mente: «No pienses en ser productivo, piensa en estar enfocado». Si estás leyendo esto, seguramente te preocupa sacar más cosas en el tiempo que tienes, o peor aún, tener más tiempo para sacar más cosas. No hay truco fácil, y lo peor es que la solución tiene que salir de ti:

- **Estar enfocado no es un resultado, es un estado mental**, a partir de ahí, el trabajo que desarrollas es de mucha más calidad. The Innovation[440] nos da la clave para trabajar un proceso para mejorar nuestra capacidad de concentración[441] que pasa por llegar a ese estado de concentración donde el tiempo pasa volando. Ese estado en inglés se denomina "*Flow*".
- **Has de entender por qué te distraes** y para eso el libro de Nir Eyal[442] es clave, ya que sugiere que la distracción proviene de nuestro interior. Es nuestro aburrimiento y ansiedad por lo que buscamos un descanso, y trabajamos en un entorno que nos proporciona un acceso muy fácil a las trampas de distracción.
- **Decir «No» es una gran herramienta para reservar energía en tu día a día.** El mayor problema que podemos tener de agenda son la cantidad de reuniones que tenemos, algunas de ellas sin establecer una agenda y objetivo para la reunión. La asincronía en las comunicaciones es clave para controlar tu tiempo[443]. El CEO del No[444] tiene una gran frase: "**Si aparece en mi calendario, es importante**".
  - Regla básica: **Si la reunión se puede sustituir por un mail entonces no hace falta estar en persona.**

- Regla adicional: **Reduce la longitud de las reuniones por defecto a la mitad** (1h a 30m, o 45 m a 20m), en solo unas pocas reuniones necesitarás más tiempo y así harás que todas las personas vayan al grano en reuniones cortas.

- **Necesitas que toda la organización piense como tú**: Nunca es tarde para regalar a tu jefe Remote[445], o Rework[446] de Jason Fried para ayudarte con los cambios en la cultura de tiempo de tu organización.

EQUIVOCARNOS: ¿ES ÚTIL O NO TIENE SENTIDO?

En multitud de ocasiones leemos que está bien equivocarnos o fallar y se defiende con argumentos que logran convencernos de esta filosofía contra-intuitiva. Hay dos posturas al respecto aparentemente contradictorias:

Fallar es bueno mientras aprendes para corregir errores (y en libros de negocio de autoayuda: «hace que te levantes»). Un ejemplo es el de Keisha Blair enseñando resiliencia a las jóvenes generaciones[456] con el argumento de «Está bien cometer errores. Así es como aprendes de esos errores y te recuperas y los puedes utilizar en el futuro»

«Fallar no está bien. Es extremadamente duro. Viene lento y luego súper rápido. Fallar es personal. Viene con muchas noches sin dormir y lidiar con su médico es difícil» Así lo definía Gabriel Aldamiz[457] en su post mortem sobre el cierre de Chicisimo[458].

El sentido común puede alinear las dos visiones y nos dice que:
- Fallar es necesario para aprender.
- Fallar es necesario para conseguir la manera correcta de hacer las cosas.
- Fallar nos hace más duros.

…. pero lo que queremos realmente es hacer las cosas bien y tener éxito.

En la sociedad actual, aprender ya no es solo para los jóvenes, con lo que los traspiés son parte del camino sin importar la edad y la etapa profesional en la que te encuentras cuando aprendes una nueva disciplina. Pero la actitud de aprender de los fallos no significa autocomplacencia[459] que te **aleje de los objetivos marcados**.

LA TÉCNICA DE PRODUCTIVIDAD «POMODORO», QUE TODO DESARROLLADOR CONOCE, AHORA ES ÚTIL A TODO EL MUNDO

La productividad y eficiencia es un tema candente durante la pandemia ahora que cada persona tiene que organizarse mucho más y, además, desde casa. La técnica de Pomodoro (tomate en italiano) se está haciendo muy popular más allá de los roles de desarrollo o tecnología donde han sido ampliamente conocido.

- **Escoge tu siguiente tarea que te vaya a llevar máximo 25 minutos:** Para eso debes tener una lista de tareas diarias y priorizadas que quieres atacar. Obviamente si la tarea es muy grande has de dividirla en subtareas que puedas atacar en intervalos cortos de tiempo.

- **Trabaja durante 25 minutos:** La teoría establece que el período **debe durar 25 minutos**, y cada uno lo puede modificar para que su esfuerzo sea constante y enfocado. El límite está en el agotamiento de la concentración.

- **Foco solo en la tarea**: La idea es que no tengas ninguna distracción durante el intervalo. Así que es Una vez fijada la alarma, toca centrarse plenamente en la tarea durante 25 minutos. Eso significa que no deberíamos mirar el mail, o responder mensajes de chat... Si eso es parte de tu día a día, quizás un intervalo de pomodoro lo debes dedicar a responder el chat y el mail. Por cierto, has notado el sentimiento positivo de completar una tarea, eso es una recompensa psicológica de la que se sirve esta técnica para empujarte a terminar las siguientes

- **Después de cada tarea completada cinco minutos de descanso**: Es el momento de desconectar para levantarte de la silla, estirar las piernas mirar por la ventana (tu oftalmólogo lo recomienda) etc. Eso te

rellena las baterías para otro intervalo de pomodoro entero.
- **Cada cuatro intervalos entonces tienes un descanso largo de por ejemplo 15 minutos**: El cerebro no puede mantener eternamente los ciclos de 25 minutos de concentración + 5 de descanso. Así que cada cuatro intervalos has de recargar pilas con más tiempo.
- Y comienzas de nuevo

Puntos adicionales a tener en cuenta que te ayudan en la técnica de pomodoro:
- Debes tener una lista priorizada de tareas.
- Debes ser capaz de no mirar el correo o la mensajería (Teams, Slack).
- Podrás sacar 6-8 cosas importantes al día, y dejar otras que no son importantes sin hacer.

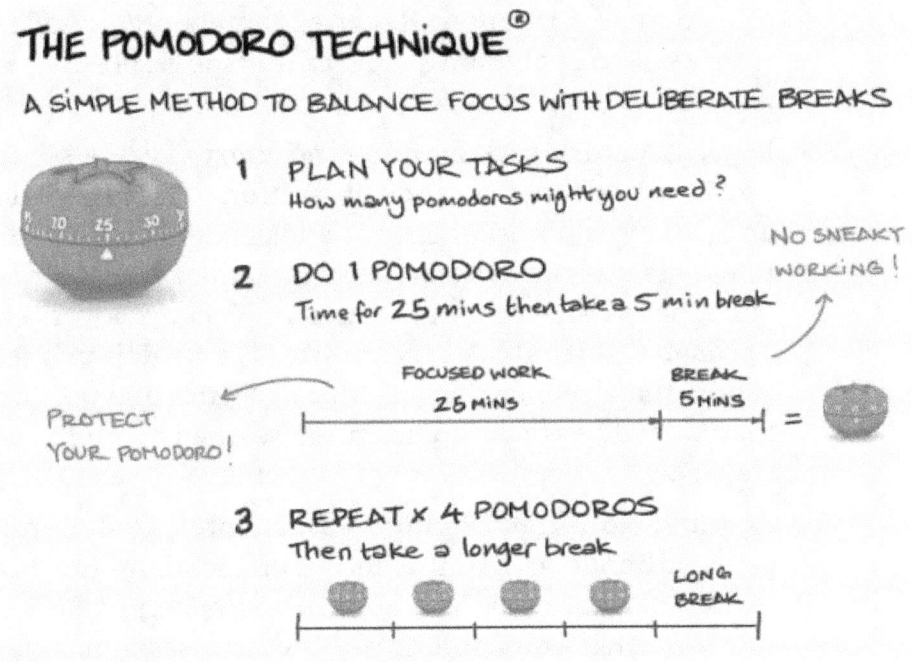

"NO INVITES A MÁS DE SEIS PERSONAS": LAS TRES REGLAS DE ELON MUSK PARA SUS REUNIONES EN TESLA

Hace un año, Elon Musk abrió las puertas al interior de Tesla y a cómo trabajan por allí con un simple email[480]. En concreto, ofreció algunas normas autoimpuestas con las que los líderes de la compañía han conseguido convertirla en una de las más prometedoras dentro de un sector que admitía muy poco espacio para los recién llegados:

- **Regla 1: No hagas reuniones con mucha gente**. Elon Musk insiste en que las reuniones no deberían tener más de seis personas. Cuántas más gente invites, más posibilidades hay de que el tema no sea del todo relevante para ellos. Si no lo es, más probabilidad habrá también de que se aburran y transmitan ese desinterés a los demás o intenten llevar el tema a algo que les interese. Si hay alguien que no es indispensable en una reunión, no le invites.

- **Regla 2: Vete de una reunión si no aportas valor**. Musk escribía que debes "salir de la reunión o de la llamada en la que sea obvio que no añades nada de valor". Es una regla que puede rozar en lo maleducado para muchos, pero conecta con la anterior. Preguntado si en Tesla no resulta algo cortante que la gente deje una reunión cuando lo considere, Musk asegura que no: "Lo maleducado es hacer que alguien se quede y pierda el tiempo".

- **Regla 3: No hagas reuniones frecuentes**. "Salvo que estés lidiando con un asunto extremadamente urgente, olvídate de las reuniones frecuentes", dice Musk, que hace hincapié en que incluso esas tienes que revisarlas: "si el asunto urgente ha quedado resuelto, haz esa reunión menos frecuente de lo que era".

COMO RECHAZAR INVITACIONES A REUNIONES

No hay nada más ineficiente que las reuniones, sobre todo en remoto y/o si no hay agenda u objetivo de la reunión... Recordemos que el foco[481], asincronía[482] y en este caso saber decir «No» son clave para llegar a completar las tareas que te has propuesto. Ahora bien anothertaskdone [483] nos recomienda como rechazar esas invitaciones a reuniones multitudinarias, que quizás no deberían haber sido creadas en un inicio.

- **Si no eres clave para la reunión**: «Estoy intentando hacer hueco para sacar trabajo, me uno si creéis que mi opinión va a ser clave»
- **Si eres un miembro clave para la reunión:** «Se que se espera mi aportación en la reunión, pero no puedo asistir para priorizar otros temas. Os envío, si os parece, comentarios/análisis antes de la reunión para que lo tengáis en cuenta»
- **Si la reunión no tiene agenda:** Claramente hay que pedir la agenda por anticipado y la decisión que se espera de la reunión antes de comprometerse a asistir.
- **Si la reunión es una lluvia de ideas (sin un experto conduciendo la sesión):** «Me preocupa que perdamos las opiniones de personas menos extrovertidas, podemos trabajar offline antes de la reunión cada uno para luego compartirlo y sobre esa base trabajar en una reunión de 20m en vez de una hora»
- **Si la reunión es para comunicar algo de una persona a varias:** Debes poder pedir o bien la minuta de la reunión o bien la reunión grabada.

LA BELLEZA Y LA POTENCIA DE LAS CHECKLIST (LISTAS DE COSAS POR HACER)

Las listas de tareas han demostrado ser extremadamente eficientes en la toma de decisiones en industrias como la aviación[475], medicina[476] o construcción[477] por citar algunas... En su simplicidad esta su potencia. El libro de Atul Gawande, «The Checklist Manifesto»[478] examina en detalle las listas de tareas y sus beneficios.

- **Sintetizan la complejidad:** Reducen la toma de decisiones a una serie de preguntas o comprobaciones en cascada que además ayudan a no olvidarse de pasos importantes.

- **Eliminan el ruido de la toma de decisiones:** Cuando tienes las preguntas correctas en una lista, las opiniones adyacentes no te alejan del centro del problema.

- **Facilitan el acceso a neófitos de cada materia:** Con cada lista de tareas, las personas que se acercan a la industria, encuentran una manera fácil de empezar a trabajar asegurando un mínimo rendimiento.

- **Te ayudan a pensar a tu manera:** En el libro de Outsiders[479] recomiendan a cada CEO seguir una lista para maximizar los retornos de la gestión de capital.

LAS 6 TRAMPAS DEL TIEMPO QUE NECESITAS CONOCER

Ashley Whillans nos desgrana [447] las 6 trampas del tiempo que nos alejan de la sensación de plenitud.

1. **Las interrupciones tecnológicas convierten nuestras horas en intervalos pequeños de productividad limitada:** Los largos bloques de tiempo libre que solíamos disfrutar ahora son interrumpidos constantemente por nuestros dispositivos. Los pequeños segundos y minutos perdidos en una multitarea improductiva se convierten, al sumarlos, en horas de desperdicio.
2. **Nos centramos demasiado en el dinero**: Las investigaciones muestran[448] que el dinero protege contra la tristeza pero no compra la alegría. Una vez que ganamos suficiente dinero para pagar nuestras facturas, ahorrar para el futuro y divertirnos un poco, hacer más hace poco por nuestra felicidad.
   - **Después de ganar 50.000 euros al año**, el dinero deja de tener relación con cuánto reímos o sonreímos cada día[449].
   - **Después de ganar 95.000 euros al año**, las personas comienzan a pensar que les va peor en la vida ya que comparan su vida con la de personas aún más ricas[450].
3. **Infravaloramos nuestro tiempo**: Buscamos reflexivamente el precio más barato aun cuando eso sacrifica nuestras horas. Si por ejemplo conduces seis minutos adicionales a una gasolinera diferente para ahorrar 5 céntimos por litro, y vas a repostar 40 litros dos veces al mes. Impulsivamente, parece que vale la pena: «Seis minutos no es mucho y los ahorros se acumularán. Son 2€ por repostaje, 4€ al mes, 48€ al año para las que has invertido más de dos horas y media de tu tiempo.
4. **Consideramos el ajetreo como un símbolo de estatus**:
   - **Dada la importancia que le damos al trabajo, el ajetreo en el trabajo conlleva estatus. Lo usa-**

mos como una insignia de honor: En una encuesta de 2017, el 95 por ciento de los adultos jóvenes dijo[451] que tener una «carrera agradable y significativa» era «extremadamente importante» para ellos.
- Las personas se sienten[452] cada vez más inseguras sobre su futuro financiero, independientemente de su situación actual. Con nuestra propia identidad tan envuelta en el trabajo y la productividad, **la apariencia social[453] de estar ocupado nos hace sentir bien con nosotros mismos**

5. **Tenemos rechazo innato a la inactividad**
   - Dan Gilbert, profesor de psicología en Harvard, colocó a[454] algunos estudiantes universitarios en una habitación vacía y no les dio nada que hacer. Muchos prefirieron darse pequeñas descargas eléctricas a quedarse solos con sus pensamientos.
   - Los beneficios[455] físicos y mentales de desconectar el cerebro son mucho más valiosos que el estrés creado al mantener la mente comprometida en todo momento.

6. **Creemos que mañana tenemos más tiempo del que realmente tenemos**
   - Ejemplo de Ashley: *El lunes pasado, una amiga me preguntó si podía ayudarla a mudarse el sábado. No hay problema. El martes, un colega me pidió que revisara su informe antes del sábado. Dije si. El miércoles, otro amigo me invitó a cenar el sábado en un nuevo restaurante que quería probar. Dije si. Dije que sí una y otra y otra vez hasta el sábado por la mañana, cuando me desperté y pensé: "¡Maldita sea! ¡Qué estaba pensando!»*
   - El racional dentro de nuestra cabeza: «Aunque estoy demasiado ocupado ahora, el sábado está muy lejos y tendré tiempo para hacer estas cosas».

Lo fundamental es conocer cómo trabaja el cerebro y nuestros sesgos culturales para poder luchar conscientemente contra ellos.

HARVARD ACONSEJA «DEJA DE PREOCUPARTE EN LO QUE OTROS PIENSAN SOBRE TI»

Harvard nos ayuda a entender porque nos preocupa lo que otros piensan de nosotros y además cuales son las consecuencias[522] tanto a nivel personal como a nivel profesional. Nuestro miedo a las opiniones de otras personas se ha convertido en una **obsesión irracional e improductiva en el mundo moderno**. Sus efectos negativos van mucho más allá del rendimiento. Por qué es importante entender este comportamiento:

- Si quieres **dar lo mejor de ti mismo y rendir a un alto nivel**, el miedo a las opiniones de las personas puede estar frenando tu avance.

- **El ansia de aprobación social hizo que nuestros antepasados fueran cautelosos e inteligentes**: Hace miles de años, cuando cometías un fallo la tribu no comía, todo el comportamiento giraba hacia instintos primarios. «El deseo de encajar y el miedo paralizante de que nos disgusten socavan nuestra capacidad de perseguir las vidas que queremos crear».

Las recomendaciones de Harvard [523]para evitar esta situación son:

- **Elaborar una filosofía personal puede ser un ejercicio** poderoso y revelador. El ejercicio sirve para poner de relieve cuales son los valores y las prioridades de cada persona. Marca además las líneas rojas que cada persona no quiere traspasar. Cada persona dibujará unos valores que están intrínsecamente arraigados debido a su familia o a como ha crecido. La idea es que esos valores te empujen para hacer las cosas que no te atreves. Los ejemplos de Harvard de personas inmigrantes o deportistas de alto nivel son un claro ejemplo.[524]

- Una vez que **haya desarrollado su propia filosofía personal, toca ejecutarla**: «Comprométase a vivir de acuerdo con sus principios». Eso quiere decir que haga cambios pequeños graduales de comportamiento hacia esa filosofía personal que ha descrito. Esos pequeños pasos le darán la confianza para continuar con el cambio. Puede ser hablar en reuniones con mucha gente, o con cargos más altos, saber decir «No» en ocasiones etc... Cada uno debe hacer el ejercicio para saber que ha de cambiar

---

[1] https://multiversial.es/el-mundo-en-el-que-hacemos-negocio/product-management/como-se-construyo-google-maps/
[2] https://finance.yahoo.com/news/google-maps-poised-11-billion-063042568.html
[3] https://www.expansion.com/economia-digital/companias/2019/02/06/5c5ace88ca474192648b45d8.html
[4] https://www.acquired.fm/episodes/episode-20-android
[5] https://www.fool.com/investing/2019/10/11/as-usual-apples-app-store-revenue-leads-google-pla.aspx
[6] https://searchengineland.com/yahoo-maps-get-a-makeover-11226
[7] https://www.cnbc.com/2018/09/22/bret-taylor-salesforce-ex-google-facebook-profile.html
[8] https://www.gizmodo.com.au/2014/03/you-are-here-the-australians-who-built-google-maps-and-changed-the-world-forever/
[9] https://medium.com/@lewgus/the-untold-story-about-the-founding-of-google-maps-e4a5430aec92
[10] https://www.developer.com/design/article.php/3526681/AJAX-Asynchronous-Java--XML.htm
[11] https://www.vox.com/2015/2/8/11558788/ten-years-of-google-maps-from-slashdot-to-ground-truth
[12] https://venturebeat.com/2005/03/30/google-acquires-traffic-info-start-up-zipdash/
[13] https://www.vox.com/2015/2/8/11558788/ten-years-of-google-maps-from-slashdot-to-ground-truth
[14] https://www.cnet.com/news/google-buys-satellite-image-firm-

keyhole/
[15] https://techcrunch.com/2019/03/29/how-a-google-side-project-evolved-into-a-4b-company/
[16] https://www.investopedia.com/slack-ipo-need-to-know-4685622
[17] https://www.pcmag.com/reviews/slack
[18] https://www.softwarepundit.com/slack-review
[19] https://www.theguardian.com/technology/2019/jun/20/slack-ipo-stocks-app-public-latest-share-prices-beat-expectations
[20] https://www.infoworld.com/article/2625908/why-google-wave-failed--too-complicated--no-fun.html
[21] https://techcrunch.com/2010/08/10/google-wave-death/
[22] https://www.youtube.com/watch?v=p6pgxLaDdQw
[23] https://slack.com/intl/en-es/
[24] https://www.cloudave.com/1452/the-top-11-google-wave-robots-for-the-enterprise/
[25] https://www.adweek.com/digital/5-google-wave-gadgets-that-you-will-most-likely-use/
[26] https://basecamp.com/new
[27] https://amzn.to/328kMD8
[28] https://amzn.to/329KYgE
[29] https://www.forbes.com/sites/danpontefract/2018/09/15/the-foolishness-of-fail-fast-fail-often/
[30] https://www.nytimes.com/2009/07/08/technology/companies/08google.html
[31] https://techcrunch.com/2013/06/11/its-official-google-buys-waze-giving-a-social-data-boost-to-its-location-and-mapping-business/
[32] https://techcrunch.com/2012/09/28/tim-cook-apologizes-for-apple-maps-points-to-competitive-alternatives/
[33] https://www.entrepreneur.com/article/266030
[34] https://www.quora.com/Why-has-Google-not-integrated-Waze-completely-within-Maps
[35] https://www.techopedia.com/definition/32514/ground-truth
[36] https://fortune.com/2020/01/07/googles-waymo-reaches-20-million-miles-of-autonomous-driving/
[37] https://www.wsj.com/articles/justice-department-to-file-long-awaited-antitrust-suit-against-google-11603195203
[38] https://multiversial.es/breves/google-paga-al-ano-1-500-millones-de-dolares-para-que-el-buscador-predeterminado-de-iphone-sea-el-suyo/
[39] https://www.politico.com/news/2020/10/16/justice-department-

google-antitrust-democrats-429983
[40] https://multiversial.es/el-mundo-en-que-vivimos/los-imprescindibles-de-multiversial/los-cuatro-ceos-de-las-gafa-testificaran-en-el-congreso-ante-el-comite-antimonopolio/
[41] https://www.nytimes.com/2020/10/20/technology/google-antitrust.html
[42] https://multiversial.es/breves/duckduckgo-tira-por-tierra-el-argumento-de-google-ante-el-tribunal-de-anti-competencia-en-el-mercado-de-las-busquedas/
[43] https://www.nytimes.com/2013/01/04/technology/google-agrees-to-changes-in-search-ending-us-antitrust-inquiry.html
[44] https://techcrunch.com/2020/10/20/justice-department-will-reportedly-file-its-antitrust-lawsuit-against-google-today/
[45] https://www.nytimes.com/2020/10/20/technology/google-antitrust.html
[46] https://www.washingtonpost.com/technology/2020/10/20/google-antitrust-doj-lawsuit/
[47] https://multiversial.es/el-mundo-en-el-que-hacemos-negocio/negocios-y-personas/los-estados-unidos-presenta-formalmente-una-demanda-contra-google-por-su-monopolio-en-la-busqueda/
[48] https://www.politico.com/news/2020/10/10/feds-may-target-googles-chrome-browser-for-breakup-428468
[49] https://www.politico.com/news/2020/10/10/feds-may-target-googles-chrome-browser-for-breakup-428468
[50] https://multiversial.es/el-mundo-en-que-vivimos/tecnologia/sillicon-valley-se-vuelve-corporativo/
[51] https://blog.google/outreach-initiatives/public-policy/response-doj/
[52] https://amzn.to/3kmfRH7
[53] https://advertising.amazon.com/products/sponsored-products?ref_=a20m_us_hnav_sp
[54] https://www.retaildive.com/news/amazon-now-dominates-google-in-product-search/531822/
[55] https://advertising.amazon.com/products/amazon-dsp/?ref_=a20m_us_gw_dsplm
[56] https://www.marketingdive.com/news/amazon-buys-sizmek-dive-awards/566215/
[57] https://www.acquired.fm/episodes/twitter-with-dick-costolo
[58] https://multiversial.es/el-mundo-en-el-que-hacemos-negocio/negocios-y-personas/entendiendo-las-empresas-basadas-en-efectos-de-red/

[59] https://multiversial.es/breves/ventajas-y-desventajas-competitivas-entre-los-efectos-de-red-de-twitter-y-facebook/

[60] https://thenextweb.com/twitter/2012/04/14/twitter-tried-to-buy-instagram-but-facebook-pipped-it-to-the-post/

[61] https://multiversial.es/el-mundo-en-el-que-hacemos-negocio/negocios-y-personas/la-estrategia-de-twitter-contada-por-su-antiguo-ceo-dick-costolo/

[62] https://multiversial.es/el-mundo-en-el-que-hacemos-negocio/negocios-y-personas/elliot-forzara-a-twitter-que-cambie-de-ceo/

[63] https://finance.yahoo.com/news/twitter-jack-dorsey-should-be-fired-scott-galloway-214648586.html?guccounter=2&guce_referrer=aHR0cHM6Ly93d3cuYnVzaW5lc3NpbnNpZGVyLmNvbS8&guce_referrer_sig=AQAAAKIwYHr6mu1iuGAKDXpB4QrlyPk-QgHZgBAh-Gh934YetN4HeC9NurMoFK-xDKkCe_CNOI-vg8LPqOWEFZzKszko25F8ETLvJdWsVX8eYwHrzLN4dPDlHYDHts0ZeBOTqAEwlmcqQoQwStgIWy0_AJUCfP2zrbKaV0bKmhrLVphTF

[64] https://amzn.to/36mtIZF

[65] https://www.profgalloway.com/twtr-enough-already

[66] https://www.profgalloway.com/twtr-enough-already

[67] https://multiversial.es/breves/las-3-razones-por-las-que-piden-la-cabeza-del-ceo-de-twitter/

[68] https://www.profgalloway.com/twitter-cnn

[69] https://www.businessinsider.com/steve-case-lesson-aol-time-warner-merger-2018-10

[70] https://www.cnbc.com/2020/08/27/tesla-could-run-the-world-but-shares-are-in-a-bubble-miller-tabak.html

[71] https://www.barrons.com/articles/apples-stock-is-about-to-split-heres-what-it-means-for-investors-51598632773

[72] https://www.statista.com/chart/22043/market-capitalization-of-publicly-traded-car-manufacturers/

[73] https://www.wsj.com/articles/tesla-looks-to-raise-as-much-as-2-3-billion-in-debt-and-equity-11556800692

[74] https://www.wsj.com/articles/tesla-prepares-for-hiring-boom-as-elon-musk-targets-manufacturing-expansion-11595538581

[75] https://www.wsj.com/articles/tesla-aims-to-replicate-china-success-with-german-factory-11579602602

[76] https://www.cnbc.com/2019/05/03/elon-musk-owes-507-million-to-banks-helping-tesla-raise-capital.html

[77] https://www.wsj.com/articles/tesla-to-sell-up-to-5-billion-in-stock-11598964848

[78] https://www.technologyreview.com/2019/07/18/134144/neur-

alink-whats-new-and-what-isnt-elon-musks-brain-computer-interface/
[79] https://www.huffpost.com/entry/elon-musk-leave-trump-council-paris-agreement_n_592f0501e4b0e09b11ed0722
[80] https://www.cnet.com/news/how-elon-musk-pronounces-x-ae-a-12-his-new-sons-name/
[81] https://hbswk.hbs.edu/archive/done-deals-venture-capitalists-tell-their-story-featured-hbs-arthur-rock
[82] https://hardzone.es/reportajes/que-es/ley-de-moore/
[83] https://anthonysmoak.com/2016/03/27/andy-grove-and-intels-move-from-memory-to-microprocessors/
[84] https://anthonysmoak.com/2016/03/27/andy-grove-and-intels-move-from-memory-to-microprocessors/
[85] https://www.acquired.fm/episodes/adapting-episode-3-intel
[86] https://www.acquired.fm/episodes/adapting-episode-3-intel
[87] https://www.wsj.com/articles/ibm-earnings-hint-at-signs-of-turnaround-11579641192?mod=article_inline&mod=article_inline
[88] https://en.wikipedia.org/wiki/Arvind_Krishna_(executive)
[89] https://en.wikipedia.org/wiki/Ginni_Rometty
[90] https://www.wsj.com/articles/amazon-has-long-ruled-the-cloud-now-it-must-fend-off-rivals-11578114008?mod=article_inline&mod=article_inline
[91] https://www.fool.com/investing/2018/03/19/how-ibms-business-is-changing.aspx
[92] https://www.wsj.com/articles/ibm-strengthens-hybrid-cloud-with-red-hat-acquisition-11562967857?mod=article_inline
[93] https://www.forbes.com/sites/jonobacon/2020/01/31/jim-whitehurst-becomes-president-of-ibm-why-he-gets-culture/
[94] https://www.slideshare.net/YvesVS/ibm-a-story-of-continuous-transformation-72352406
[95] https://arstechnica.com/information-technology/2020/10/ibm-to-split-into-two-companies-by-the-end-of-2021/
[96] https://arstechnica.com/information-technology/2020/10/ibm-to-split-into-two-companies-by-the-end-of-2021/
[97] https://www.redhat.com/en/ibm
[98] https://multiversial.es/el-mundo-en-el-que-hacemos-negocio/startups-y-nuevos-productos/apple-puede-abandonar-el-camino-de-intel-para-abrazar-los-procesadores-arm/
[99] https://www.apple.com/newsroom/2020/06/apple-announces-mac-transition-to-apple-silicon/
[100] https://techcrunch.com/2020/06/22/apple-is-building-its-own-

processors-for-future-macs/
[101] https://thenextweb.com/plugged/2020/06/22/arm-based-apple-silicon-will-replace-intel-processors-on-the-mac/
[102] https://multiversial.es/el-mundo-en-el-que-hacemos-negocio/startups-y-nuevos-productos/apple-puede-abandonar-el-camino-de-intel-para-abrazar-los-procesadores-arm/
[103] https://techcrunch.com/2016/05/17/how-intel-missed-the-iphone-revolution/
[104] http://hey.com/
[105] https://multiversial.es/el-mundo-en-que-vivimos/tecnologia/el-email-esta-roto-los-7-problemas-que-no-te-das-cuenta-porque-ya-te-has-acostumbrado/
[106] https://www.theverge.com/2020/6/16/21293419/hey-apple-rejection-ios-app-store-dhh-gangsters-antitrust
[107] https://multiversial.es/breves/esta-vez-le-toca-a-apple-enfrentarse-a-las-leyes-de-anticompentencia/
[108] https://multiversial.es/breves/apple-genero-519-mil-millones-para-los-productos-y-servicios-del-ecosistema-de-la-app-store-durante-2019/
[109] https://basecamp.com/
[110] https://amzn.to/3bAij8B
[111] https://amzn.to/33c9UVl
[112] https://www.washingtonpost.com/technology/2020/06/16/apple-antitrust-european-commission/
[113] https://timetoplayfair.com/?utm_source=newsletter&utm_medium=email&utm_campaign=sendto_newslettertest&stream=top
[114] https://www.axios.com/tinders-parent-company-criticizes-apple-over-app-store-b87d0735-5b6d-4d2a-8fa0-bc577a419c7e.html?utm_source=newsletter&utm_medium=email&utm_campaign=sendto_newslettertest&stream=top
[115] https://www.theverge.com/2020/2/4/21122956/instagram-ad-revenue-earnings-amount-facebook
[116] https://www.zdnet.com/article/instagram-passes-50-million-users/
[117] https://techcrunch.com/2016/06/21/instagram-500-million/
[118] https://techcrunch.com/2012/04/09/right-before-acquisition-instagram-closed-50m-at-a-500m-valuation-from-sequoia-thrive-greylock-and-benchmark/
[119] https://www.businessinsider.com/twitter-offered-to-buy-instagram-for-525-million-2012-12?IR=T
[120] https://www.infoq.com/news/2012/09/Facebook-HTML5-Na-

tive/
[121] https://www.theatlantic.com/business/archive/2013/05/facebook-one-year-later-what-really-happened-in-the-biggest-ipo-flop-ever/275987/
[122] https://www.forbes.com/sites/parmyolson/2014/03/04/inside-the-facebook-whatsapp-megadeal-the-courtship-the-secret-meetings-the-19-billion-poker-game/
[123] https://www.wired.com/2015/09/whatsapp-serves-900-million-users-50-engineers/
[124] https://www.forbes.com/sites/parmyolson/2014/03/04/inside-the-facebook-whatsapp-megadeal-the-courtship-the-secret-meetings-the-19-billion-poker-game/
[125] https://www.businessinsider.com/facebook-stole-whatsapp-from-tencent-while-its-ceo-had-back-surgery-2017-6?IR=T
[126] https://www.forbes.com/sites/parmyolson/2014/03/04/inside-the-facebook-whatsapp-megadeal-the-courtship-the-secret-meetings-the-19-billion-poker-game/
[127] https://www.forbes.com/sites/parmyolson/2014/03/04/inside-the-facebook-whatsapp-megadeal-the-courtship-the-secret-meetings-the-19-billion-poker-game/
[128] https://multiversial.es/breves/dentsu-una-de-las-seis-grandes-agencias-de-medios-alienta-el-boicot-de-anuncios-en-facebook/
[129] https://twitter.com/thenorthface/status/1273985578564870145
[130] https://twitter.com/patagonia/status/1274832569398292480
[131] https://twitter.com/REI/status/1274110350703554560
[132] https://www.axios.com/newsletters/axios-login-b2eccd5f-f0db-4de6-8134-fa4c0f5c1454.html?chunk=2&utm_term=twsocialshare
[133] https://twitter.com/hashtag/stophateforprofit?src=hashtag_click
[134] https://www.axios.com/mark-zuckerberg-facebooks-trump-posts-f938432f-39d9-438e-8734-1878f85f4bcd.html?utm_source=newsletter&utm_medium=email&utm_campaign=sendto_newslettertest&stream=top
[135] https://multiversial.es/el-mundo-en-que-vivimos/privacidad/empiezan-a-limitar-los-anuncios-politicos-en-el-entorno-digital-como-se-hizo-con-alcohol-y-tabaco-en-la-tv/
[136] https://www.axios.com/mark-zuckerberg-facebooks-trump-posts-f938432f-39d9-438e-8734-1878f85f4bcd.html?utm_source=newsletter&utm_medium=email&utm_campaign=sendto_newslettertest&stream=top
[137] https://multiversial.es/el-mundo-en-el-que-hacemos-ne-

gocio/negocios-y-personas/las-5-grandes-tecnologicas-ante-un-ano-critico-desde-la-perspectiva-de-la-crisis-de-la-edad/
[138] https://www.nytimes.com/2020/06/23/business/media/facebook-ad-boycott.html
[139] https://about.fb.com/wp-content/uploads/2020/07/Civil-Rights-Audit-Final-Report.pdf
[140] https://multiversial.es/el-mundo-en-el-que-hacemos-negocio/negocios-y-personas/entendiendo-el-boicot-de-las-marcas-a-facebook-las-marcas-tienen-al-menos-3-razones-economicas-para-sumarse/
[141] https://fortune.com/2020/07/08/facebook-civil-rights-audit-conclusions-hate-speech-discrimination/
[142] https://fortune.com/2020/07/07/facebook-boycott-organizers-mark-zuckerberg-meeting-hate-speech/
[143] https://techcrunch.com/2020/12/01/salesforce-buys-slack/?guccounter=1&guce_referrer=aHR0cHM6Ly93d3cuZ29vZ2xlLmNvbVb-S8&guce_referrer_sig=AQAAAKmqua4pASmKmeqAcX2ED-PGY-BaxAzRoqkjGpyE3PCOz6Oe138kQ_0xIu0HpoURGQwKOOYajrLAL-RH1aYk5cl1tT6SdqLL5wiDhpJp0FHlcOqQYbB9KhjUDLthM-wEYZCGHxtH1puufQuYOkBmB2R9zKeyUo6BS7FLSgY_6gVUn-N
[144] https://multiversial.es/el-mundo-en-el-que-hacemos-negocio/startups-y-nuevos-productos/salesforce-podria-comprar-slack-y-competir-con-microsoft-en-el-caso-de-uso-mas-goloso/
[145] https://multiversial.es/el-mundo-en-el-que-hacemos-negocio/startups-y-nuevos-productos/salesforce-podria-comprar-slack-y-competir-con-microsoft-en-el-caso-de-uso-mas-goloso/
[146] https://www.justice.gov/atr/page/file/1255851/download
[147] https://multiversial.es/el-mundo-en-que-vivimos/tecnologia/sillicon-valley-se-vuelve-corporativo/
[148] https://multiversial.es/el-mundo-en-el-que-hacemos-negocio/startups-y-nuevos-productos/el-fin-de-semana-en-el-que-facebook-cambio-su-futuro-comprando-instagram/
[149] https://blog.box.com/salesforce-slack-and-future-work
[150] https://multiversial.es/breves/el-ceo-de-slack-microsoft-esta-preocupado-en-ganarnos-porque-ponemos-en-peligro-todo-office/
[151] https://yourstory.com/2018/04/pinduoduo-funding-tencent
[152] https://multiversial.es/el-mundo-en-que-vivimos/los-imprescindibles-de-multiversial/entendiendo-a-epic-games-para-entender-su-batalla-con-apple/
[153] https://www.forbes.com/sites/mattperez/2019/10/23/tencent-buys-majority-stake-in-clash-of-clans-developer-supercell/
[154] https://multiversial.es/breves/discord-de-chat-de-voz-para-

gamers-a-competencia-de-slack/
[155] http://musicbusinessworldwide.com/spotifys-direct-distribution-deals-what-do-the-artists-get/(abre en una nueva pesta%C3%B1a)
[156] https://arstechnica.com/gadgets/2017/09/apple-music-to-get-ed-sheeran-bruno-mars-and-others-with-warner-music-deal/
[157] https://www.nytimes.com/2018/09/06/business/media/spotify-music-industry-record-labels.html
[158] https://en.wikipedia.org/wiki/Gimlet_Media
[159] https://soundbetter.com/
[160] https://techcrunch.com/2019/09/12/spotify-acquires-soundbetter-an-online-marketplace-for-sound-engineers-and-producers/
[161] https://newsroom.spotify.com/2019-03-26/5-fast-facts-about-spotifys-acquisition-of-parcast/
[162] http://anchor.fm/
[163] https://www.wsj.com/articles/spotify-in-early-talks-to-buy-sports-and-pop-culture-outlet-the-ringer-11579302564
[164] https://www.theringer.com/
[165] https://techcrunch.com/2020/10/14/spotify-introduces-a-new-music-and-spoken-word-format-open-to-all-creators/?utm_medium=TCnewsletter&tpcc=TCdailynewsletter
[166] http://anchor.fm/
[167] https://www.ivoox.com/
[168] https://www.iheart.com/
[169] https://multiversial.es/breves/spotify-y-universal-music-firman-un-contrato-varios-anos-evolucionando-el-modelo-de-negocio/
[170] https://multiversial.es/el-mundo-en-el-que-hacemos-negocio/negocios-y-personas/spotify-quiere-conquistar-su-independencia-a-base-de-compras/
[171] https://techcrunch.com/2018/07/26/the-incredible-rise-of-pinduoduo/
[172] https://www.ycombinator.com/library/2z-pinduoduo-and-the-rise-of-social-e-commerce
[173] https://www.cnbc.com/2020/04/22/what-is-pinduoduo-chinese-ecommerce-rival-to-alibaba.html
[174] https://www.ycombinator.com/library/2z-pinduoduo-and-the-rise-of-social-e-commerce
[175] https://www.ycombinator.com/library/2z-pinduoduo-and-the-rise-of-social-e-commerce
[176] https://marketrealist.com/2020/07/pinduoduo-founder-colin-huang-exits-ceo-cuts-stake/

[177] https://techcrunch.com/2018/12/27/epic-fortnite-3-billion-profit/
[178] https://www.matthewball.vc/all/epicprimer5
[179] https://www.bbc.com/news/blogs-trending-47116429
[180] https://secondlife.com/
[181] https://multiversial.es/el-mundo-en-el-que-hacemos-negocio/startups-y-nuevos-productos/lo-esta-petando-y-usted-no-lo-sabe-roblox/
[182] https://techcrunch.com/2018/12/27/epic-fortnite-3-billion-profit/
[183] https://techcrunch.com/2018/12/27/epic-fortnite-3-billion-profit/
[184] https://www.matthewball.vc/all/epicprimer2
[185] https://multiversial.es/el-mundo-en-el-que-hacemos-negocio/startups-y-nuevos-productos/unity-la-empresa-clave-en-la-ola-de-los-juegos-moviles-quiere-salir-a-bolsa/
[186] https://www.matthewball.vc/all/epicprimer6
[187] https://venturebeat.com/2020/02/12/tim-sweeney-android-is-a-fake-open-system-and-ios-is-worse/
[188] https://venturebeat.com/2020/02/12/tim-sweeney-android-is-a-fake-open-system-and-ios-is-worse/
[189] https://techcrunch.com/2018/12/27/epic-fortnite-3-billion-profit/
[190] https://variety.com/2018/gaming/news/fortnite-epic-games-billion-dollar-decision-1202884194/
[191] https://techcrunch.com/2018/12/27/epic-fortnite-3-billion-profit/
[192] https://www.matthewball.vc/all/epicgamesprimermaster
[193] https://a16z.com/2019/10/16/trends-revolutionizing-games/
[194] https://bytedance.com/
[195] https://techcrunch.com/2017/11/09/chinas-toutiao-is-buying-musical-ly-in-a-deal-worth-800m-1b/
[196] https://techcrunch.com/2019/01/29/its-time-to-pay-serious-attention-to-tiktok/
[197] https://techcrunch.com/2019/01/29/its-time-to-pay-serious-attention-to-tiktok/
[198] https://techcrunch.com/2020/02/26/reddit-ceo-tiktok-is-fundamentally-parasitic/
[199] https://techcrunch.com/2019/10/01/instagram-vs-tiktok/
[200] https://www.theverge.com/2019/12/31/21044559/us-army-bans-soldiers-from-using-tiktok

[201] https://www.axios.com/tiktok-china-online-privacy-personal-data-6b251d22-61f4-47e1-a58d-b167435472e3.html
[202] https://thenextweb.com/podium/2020/04/01/the-challenges-tiktok-must-overcome-to-stay-on-top-in-2020/
[203] https://www.cbinsights.com/research/direct-to-consumer-retail-strategies/
[204] https://www.tesla.com/
[205] https://eu.muroexe.com/
[206] https://www.hawkersco.com/
[207] https://www.blacklimba.com/
[208] https://multiversial.es/el-mundo-en-el-que-hacemos-negocio/negocios-y-personas/casper-debuta-en-bolsa-y-hay-muchos-esperando-al-doblar-la-esquina/
[209] https://lumapartners.com/content/presentations/lumas-state-of-digital-marketing-2018/
[210] https://www.hawkersco.com/
[211] https://www.warbyparker.com/
[212] https://www.pompeiibrand.com/?lang=en
[213] https://eu.muroexe.com/
[214] https://www.allbirds.com/
[215] https://www.lyfemarketing.com/blog/digital-marketing-funnel/
[216] https://www.metrilo.com/blog/direct-to-consumer-brands-content
[217] https://digiday.com/marketing/direct-consumer-brands-see-gains-traditional-tv/
[218] https://www.hawkersco.com/pages/stores
[219] https://news.nike.com/news/nike-consumer-direct-offense
[220] https://variety.com/2018/digital/news/disney-reorganizes-direct-to-consumer-streaming-unit-1202726528/
[221] https://www.fool.com/investing/2019/12/15/if-invested-5000-shopify-ipo-this-is-how-have-now.aspx
[222] https://www.cnbc.com/2020/02/12/shopify-shop-earnings-q4-2019.html
[223] https://www.fool.ca/2020/04/03/why-shopify-tsxshop-stock-is-the-next-amazon-nasdaqamzn/
[224] https://www.fool.ca/2020/04/03/why-shopify-tsxshop-stock-is-the-next-amazon-nasdaqamzn/
[225] https://apps.shopify.com/
[226] https://techcrunch.com/2019/11/05/shopify-email/
[227] https://betakit.com/shopify-launches-email-product-to-do-battle-with-old-partner-mailchimp/

[228] https://techcrunch.com/2020/04/28/shopify-launches-shop-a-new-mobile-shopping-app/
[229] https://techcrunch.com/2020/04/28/shopify-launches-shop-a-new-mobile-shopping-app/
[230] https://seekingalpha.com/article/4340773-shopify-when-music-stops
[231] https://quibi.com/
[232] https://quibi-hq.medium.com/an-open-letter-from-quibi-8af6b415377f
[233] https://quibi-hq.medium.com/an-open-letter-from-quibi-8af6b415377f
[234] https://multiversial.es/breves/el-numero-de-usuarios-de-quibi-cae-en-picado-despues-del-periodo-de-promocion/
[235] https://www.forbes.com/sites/johnkoetsier/2020/09/14/massive-tiktok-growth-up-75-this-year-now-33x-more-users-than-nearest-competitor/
[236] https://www.linkedin.com/posts/andrewchen_all-the-people-rushing-to-their-keyboards-activity-6724935603642753024-qK43
[237] https://www.fool.com/investing/2020/03/03/why-nvidia-stock-jumped-142-in-february-while-the.aspx
[238] https://techcrunch.com/2020/03/05/nvidia-acquires-data-storage-and-management-platform-swiftstack/
[239] https://blogs.nvidia.com/blog/2020/01/06/geforce-thinner-lighter/
[240] https://www.nvidia.com/en-us/geforce/news/g-sync-ces-2020-mini-led-4k-hdr-360hz-lg-2020-tv-bfgd-new-gaming-monitors/
[241] https://techcrunch.com/2020/02/04/nvidia-officially-launches-cloud-gaming-service-geforce-now-for-5-per-month/
[242] https://www.theverge.com/2020/3/6/21168645/nvidia-geforce-now-2k-games-titles-bioshock-borderlands
[243] https://nvidianews.nvidia.com/news/nvidia-announces-scalable-gpu-accelerated-supercomputer-in-the-microsoft-azure-cloud
[244] https://blogs.nvidia.com/blog/2019/12/03/aws-outposts-t4-gpus/
[245] https://techcrunch.com/2019/08/26/nvidia-and-vmware-team-up-to-make-gpu-virtualization-easier/
[246] https://nvidianews.nvidia.com/news/nvidia-enables-era-of-interactive-conversational-ai-with-new-inference-software
[247] https://nvidianews.nvidia.com/news/nvidia-launches-magnum-io-software-suite-to-help-eliminate-data-bottlenecks-for-data-scientists-and-ai-hpc-researchers

[248] https://developer.nvidia.com/isaac-sdk
[249] https://nvidianews.nvidia.com/news/nvidia-introduces-drive-agx-orin-advanced-software-defined-platform-for-autonomous-machines
[250] https://techcrunch.com/2018/03/27/nvidia-reportedly-suspending-all-autonomous-vehicle-testing/
[251] https://multiversial.es/el-mundo-en-el-que-hacemos-negocio/negocios-y-personas/las-5-claves-de-la-creacion-de-la-nba-como-un-negocio-del-sxxi/
[252] https://theundefeated.com/features/how-the-nba-social-justice-efforts-dominated-the-season/
[253] https://uctangerine.com/2020/10/15/op-ed-colin-kaepernick-the-national-anthem-and-protests/
[254] https://www.instagram.com/kingjames/?hl=en
[255] https://www.instagram.com/kimkardashian/?hl=en
[256] https://www.acquired.fm/
[257] https://multiversial.es/el-mundo-en-el-que-hacemos-negocio/negocios-y-personas/las-10-adquisiciones-mas-rentables-de-todos-los-tiempos/
[258] https://www.acquired.fm/episodes/the-nba
[259] https://amzn.to/37udNpc
[260] https://www.inc.com/carmine-gallo/in-a-new-masterclass-bob-iger-reveals-communication-tactic-he-used-to-land-job-as-disney-ceo.html
[261] https://www.latimes.com/archives/la-xpm-2005-mar-14-fi-disney14-story.html
[262] https://www.latimes.com/archives/la-xpm-2004-feb-02-fi-titans2-story.html
[263] https://money.cnn.com/2006/01/24/news/companies/disney_pixar_deal/
[264] https://screenrant.com/disney-marvel-purchase-10-years-movies-changed-how/
[265] https://www.usatoday.com/story/money/business/2012/10/30/disney-star-wars-lucasfilm/1669739/
[266] https://www.cnbc.com/2018/10/30/six-years-after-buying-lucasfilm-disney-has-recouped-its-investment.html
[267] https://amzn.to/37rByyr
[268] https://www.netflix.com/es-en/title/80214552
[269] https://amzn.to/3aZgGBw
[270] https://iovine-young.usc.edu/program/speakers/Jimmy-Iovine-and-Dr-Dre-6.html

[271] https://en.wikipedia.org/wiki/Eminem
[272] https://www.interscope.com/artists
[273] https://www.unboundedwisdom.com/top-5-lessons-you-can-learn-from-eminems-success-story/
[274] https://www.macrumors.com/2015/06/08/apple-music-100m-subscribers-goal/
[275] https://musically.com/2014/05/13/beats-music-subscriber-figures/
[276] https://www.fastcompany.com/3031209/beats-which-apple-just-bought-for-3-billion-only-has-250000-subscr
[277] https://www.theguardian.com/technology/2015/jun/30/apple-music-launch-spotify-radio
[278] https://www.engadget.com/2019/05/28/apple-beats-five-years-later/
[279] https://www.businessinsider.com.au/hbo-the-defiant-ones-shows-apple-beats-behind-the-scenes-2017-7
[280] https://www.youtube.com/watch?v=K8jFDjjOqbA
[281] http://amzn.to/30YDr3J
[282] https://amzn.to/2RVcnyd
[283] https://www.shortform.com/blog/nike-ipo-1980/
[284] http://shortform.com/blog/nike-ipo-1980/(abre en una nueva pesta%C3%B1a)
[285] http://en.wikipedia.org/wiki/Asics
[286] https://news.nike.com/news/40-years-of-prefontaine
[287] https://amzn.to/2LCYSk2
[288] https://amzn.to/2LCYSk2
[289] https://amzn.to/3c3m1IW
[290] https://medium.com/sequoia-capital/coronavirus-the-black-swan-of-2020-7c72bdeb9753
[291] https://medium.com/sequoia-capital/coronavirus-the-black-swan-of-2020-7c72bdeb9753
[292] https://www.sequoiacap.com/companies/
[293] https://www.sequoiacap.com/companies/
[294] https://techcrunch.com/2008/10/10/sequoia-capitals-56-slide-powerpoint-presentation-of-doom/
[295] https://www.vox.com/recode/2020/3/5/21166839/sequoia-capital-coronavirus-silicon-valley
[296] https://research.ark-invest.com/hubfs/1_Download_Files_ARK-Invest/White_Papers/ArkInvest_101420_Whitepaper_BadIdeas2020.pdf?hsCtaTracking=0337ad18-a379-4842-9a3d-265329490a73%7C212b2d19-5147-4e06-9dd4-8a2a9

5bd383a

[297] https://cincodias.elpais.com/cincodias/2020/09/08/companias/1599588614_146916.html

[298] https://www.axios.com/e-commerce-online-shopping-covid-retail-1c108145-2002-4cbc-87a9-558fb70c92c3.html

[299] https://www.zdnet.com/article/peloton-delivers-blockbuster-q4-amid-pandemic-demand-surge/

[300] https://www.fool.com/investing/2020/09/12/peloton-has-a-very-good-problem-on-its-hands/

[301] https://nypost.com/2020/09/16/flywheel-sports-files-for-bankruptcy-plans-to-shut-down/

[302] https://venturebeat.com/2020/09/16/zwift-raises-450-million-for-gamified-fitness-to-compete-with-peloton/

[303] https://techcrunch.com/2019/12/16/how-many-unicorns-will-exit-before-the-market-turns/

[304] https://www.businessinsider.com/airbnb-may-push-ipo-back-to-2021-because-of-coronavirus-2020-3?IR=T

[305] https://www.wsj.com/articles/2019-the-year-of-ipo-disappointment-11577615400

[306] https://www.pinterest.com/

[307] https://slack.com/intl/en-es/

[308] https://www.reuters.com/article/us-softbank-elliott-vision-fund/elliott-presses-softbank-to-identify-10-billion-of-investments-it-holds-sources-idUSKCN20M22A

[309] https://www.businessinsider.com/wework-ipo-fiasco-adam-neumann-explained-events-timeline-2019-9?IR=T

[310] https://multiversial.es/el-mundo-en-el-que-hacemos-negocio/negocios-y-personas/casper-debuta-en-bolsa-y-hay-muchos-esperando-al-doblar-la-esquina/

[311] https://techcrunch.com/2020/02/28/maybe-yall-should-have-gone-public-in-q4/?guccounter=1

[312] https://hbr.org/2020/10/algorithms-are-making-economic-inequality-worse?utm_source=newsletter&utm_medium=email&utm_campaign=newsletter_axiosfutureofwork&stream=future

[313] https://mcdonalds.com.au/charlie-bell-scholarship

[314] https://www.esquire.com/lifestyle/cars/interviews/a44325/what-ive-learned-mary-barra/

[315] https://www.businessinsider.com/walmart-ceo-doug-mcmillon-profile-2019-1?r=AU&IR=T

[316] https://www.thenation.com/article/archive/china-delivery-meituan-uber/

[317] https://www.abc.net.au/news/2019-02-27/amazon-australia-warehouse-working-conditions/10807308
[318] https://multiversial.es/breves/la-automatizacion-creara-mas-puestos-de-trabajo-que-los-que-destruira/
[319] https://www.axios.com/newsletters/axios-login-2a20123d-d9c9-4303-b560-ebf6eb600ead.html
[320] https://reason.com/2006/04/01/farewell-to-warblogging-2/
[321] https://reason.com/people/matt-welch/
[322] https://cphcmp.smu.edu/2004election/killian-documents/
[323] https://cphcmp.smu.edu/2004election/killian-documents/
[324] https://amzn.to/2YY9jGb
[325] https://multiversial.es/breves/el-efecto-de-red-de-cada-industria-es-lo-que-determina-si-puede-haber-competidores-locales/
[326] https://www.sfchronicle.com/business/article/Uber-can-t-be-sued-for-undercutting-taxi-15443987.php
[327] https://multiversial.es/el-mundo-en-el-que-hacemos-negocio/negocios-y-personas/asana-saldra-a-bolsa-tambien-mediante-direct-listing/
[328] https://multiversial.es/breves/opendoor-startup-que-compra-y-vende-casas-sale-a-bolsa-a-traves-de-una-spac/
[329] https://luttig.substack.com/p/spac-attack-everything-a-founder
[330] https://luttig.substack.com/p/spac-attack-everything-a-founder
[331] https://www.ft.com/content/7346d110-4f8c-4fe0-b866-4c28fc5a50c8
[332] https://luttig.substack.com/p/spac-attack-everything-a-founder
[333] https://luttig.substack.com/p/spac-attack-everything-a-founder
[334] https://luttig.substack.com/p/spac-attack-everything-a-founder
[335] https://www.netflix.com/title/81254224
[336] https://multiversial.es/el-mundo-en-que-vivimos/retos-del-futuro/las-aplicaciones-digitale-buscan-y-consiguen-crear-comportamientos-adictivos-en-los-usuarios/
[337] https://multiversial.es/breves/como-funciona-el-algoritmo-de-tiktok/
[338] https://www.nytimes.com/2020/09/09/movies/the-social-dilemma-review.html
[339] https://www.wsj.com/articles/the-social-dilemma-review-sharing-a-sense-of-dismay-11599768651
[340] https://www.theguardian.com/commentisfree/2020/sep/19/the-social-dilemma-a-wake-up-call-for-a-world-drunk-on-dopamine
[341] https://multiversial.es/el-mundo-en-que-vivimos/retos-del-futuro/el-dilema-social-el-documental-de-netflix-que-aborda-como-las-

[342] https://www.axios.com/social-media-addiction-bubble-b39a3693-6919-426e-b8d3-d8bf9644e0a4.html
[343] https://op-talk.blogs.nytimes.com/2014/09/14/when-novels-were-bad-for-you/
[344] https://www.axios.com/social-media-addiction-bubble-b39a3693-6919-426e-b8d3-d8bf9644e0a4.html
[345] https://amzn.to/3qipMB3
[346] https://www.nirandfar.com/social-dilemma-review/?utm_source=ActiveCampaign&utm_medium=email&utm_content=Kindness+is+Measured+by+the+Benefit+of+the+Doubt%5BBest+Reads%5D&utm_campaign=Weekly+Digest+%28Nov+28%29
[347] https://multiversial.es/breves/twitter-y-walmart-se-plantean-pivotar-hacia-un-negocio-de-subscripcion/
[348] https://www.pccomponentes.com/premium
[349] https://es.privalia.com/microsites/premium
[350] https://multiversial.es/breves/twitter-y-walmart-se-plantean-pivotar-hacia-un-negocio-de-subscripcion/
[351] https://www.glofox.com/blog/10-gym-membership-statistics-you-need-to-know/
[352] https://www.profgalloway.com/lets-get-ready-to-rundle/
[353] https://get.fuelbymckinsey.com/article/does-your-cltv-to-cac-ratio-stand-up-does-it-matter/
[354] https://www.acquired.fm/
[355] https://finance.yahoo.com/news/google-maps-poised-11-billion-063042568.html
[356] https://multiversial.es/el-mundo-en-el-que-hacemos-negocio/product-management/como-se-construyo-google-maps/
[357] https://www.latimes.com/business/hollywood/la-fi-ct-pitaro-espn-disney-20190520-story.html
[358] https://investorpolis.com/es/componiendo-la-octava-maravilla-del-mundo-el-poderoso-crecimiento-del-tiempo-la-magia-financiera-y-la-regla-del-72/
[359] https://hangzone.com/objective-c-swift-history-apple-development-going/
[360] https://www.fool.com/investing/2019/10/11/as-usual-apples-app-store-revenue-leads-google-pla.aspx
[361] https://www.acquired.fm/episodes/episode-20-android
[362] https://multiversial.es/el-mundo-en-el-que-hacemos-negocio/negocios-y-personas/ya-sabemos-cuanto-aporta-youtube-a-las-cuen-

tas-de-google/
[363] https://markets.businessinsider.com/news/stocks/instagram-20-billion-ad-revenue-2019-report-2020-2-1028873636
[364] https://amzn.to/3aAvFB0
[365] https://www.berkshirehathaway.com/ownman.pdf
[366] https://www.axios.com/newsletters/axios-login-37f4d22e-6622-4213-8800-3890843cc040.html
[367] https://multiversial.es/el-mundo-en-que-vivimos/privacidad/empiezan-a-limitar-los-anuncios-politicos-en-el-entorno-digital-como-se-hizo-con-alcohol-y-tabaco-en-la-tv/
[368] https://www.theguardian.com/technology/2018/apr/11/mark-zuckerbergs-testimony-to-congress-the-key-moments
[369] https://multiversial.es/el-mundo-en-que-vivimos/los-imprescindibles-de-multiversial/google-fue-el-mejor-comprando-integrando-y-escalando-el-negocio/
[370] https://www.axios.com/newsletters/axios-login-37f4d22e-6622-4213-8800-3890843cc040.html
[371] https://www.cnbc.com/2020/06/12/new-york-attorney-general-interviewing-amazon-workers-about-conditions.html
[372] https://www.minderest.com/blog/2018/10/18/how-has-apples-pricing-strategy-changed
[373] https://www.investopedia.com/ask/answers/08/microsoft-antitrust.asp
[374] https://www.nytimes.com/2020/01/17/technology/antitrust-hearing-boulder-colorado.html
[375] https://basecamp.com/
[376] https://amzn.to/2TZah2W
[377] https://amzn.to/38xegIj
[378] https://www.sonos.com/es-es/home
[379] https://www.thetileapp.com/en-us/about-tile
[380] https://www.businessinsider.com/anticompetitive-complaints-against-google-apple-amazon-facebook-2020-1?IR=T
[381] https://multiversial.es/2020/01/23/sillicon-valley-se-vuelve-corporativo/
[382] https://www.nytimes.com/2020/01/07/technology/sonos-sues-google.html
[383] http://washingtonpost.com/technology/2019/10/17/zuckerberg-standing-voice-free-expression/(abre en una nueva pesta%C3%B1a)
[384] https://www.theatlantic.com/technology/archive/2020/01/why-silicon-valley-and-big-tech-dont-innovate-anymore/604969

[385] https://computerhistory.org/blog/fairchild-and-the-fairchildren/
[386] https://en.wikipedia.org/wiki/PayPal_Mafia
[387] https://nymag.com/intelligencer/2018/11/fake-unicorns-are-running-over-the-venture-capital-industry.html
[388] https://www.washingtonpost.com/technology/2019/10/17/zuckerberg-standing-voice-free-expression/
[389] https://www.tandfonline.com/doi/pdf/10.1080/10438599.2019.1677013?casa_token=7EqUXvw-Qum0AAAAA%3AIV9NOG_gQaTThZ-RwF1r5JWUyOy8K-W0y8of4Y7yWBfPfLEujAwoPH-xCHxnnRJEWC5yUY5AVZswPPw&
[390] https://www.fastcompany.com/40435064/what-alan-kay-thinks-about-the-iphone-and-technology-now
[391] https://lens.blogs.nytimes.com/2015/08/12/kodaks-first-digital-moment/
[392] https://www.bbc.com/www.bbc.com %E2%80%BA news %E2%80%BA business-45899310 A quick guide to the US-China trade war - BBC News - BBC.com
[393] https://www.theverge.com/2019/6/3/18650526/podcast-iab-advertising-industry-revenue
[394] https://musicoomph.com/podcast-statistics/
[395] https://www.theverge.com/2019/4/22/18510897/luminary-podcast-app-launch-the-daily-gimlet-media-spotify
[396] https://variety.com/2019/digital/news/podcast-platform-himalaya-raises-100-million-launches-apps-with-tipping-function-1203130068/
[397] https://www.theverge.com/2019/5/13/18617188/chartable-smartlinks-url-podcast-marketing-tracking
[398] https://pod.fund/
[399] https://www.theverge.com/2019/5/7/18531565/podfund-launch-investment-podcasts
[400] https://multiversial.es/el-mundo-en-el-que-hacemos-negocio/negocios-y-personas/spotify-compra-de-the-ringer/
[401] https://www.impactbnd.com/blog/how-to-measure-podcast-metrics-performance
[402] https://appleinsider.com/articles/18/07/05/apple-details-history-of-app-store-on-its-10th-anniversary
[403] https://www.businessinsider.com/chart-of-the-day-watch-out-apple-here-comes-the-android-market-2011-12?IR=T
[404] https://techcrunch.com/2011/01/07/distimo-2010-mobile-app-store-boom/
[405] https://savvyapps.com/blog/mobile-app-analytics

[406] https://clevertap.com/blog/dau-vs-mau/
[407] https://andrewchen.co/dau-mau-is-an-important-metric-but-heres-where-it-fails/
[408] https://www.europapress.es/comunicados/sociedad-00909/noticia-comunicado-20-adolescentes-sufren-trastornos-comportamiento-dependencia-pantallas-20191113174947.html
[409] https://amzn.to/3ih7rA6
[410] https://amzn.to/3ih7rA6
[411] https://www.technologyreview.com/2015/03/23/249095/compulsive-behavior-sells/
[412] https://www.technologyreview.com/2015/03/23/249095/compulsive-behavior-sells/
[413] https://www.businessinsider.com/silicon-valley-parents-raising-their-kids-tech-free-red-flag-2018-2?IR=T
[414] https://amzn.to/3ghbGKr
[415] https://www.profgalloway.com/iaddiction
[416] https://www.ben-evans.com/presentations
[417] https://amzn.to/39GDq86
[418] https://amzn.to/39GDq86
[419] https://www.youtube.com/watch?v=IPYeCltXpxw
[420] https://www.youtube.com/watch?v=u6XAPnuFjJc
[421] https://www.apa.org/members/content/intrinsic-motivation
[422] https://amzn.to/33c9UVl
[423] https://basecamp.com/about
[424] https://basecamp.com/
[425] https://www.inc.com/jason-fried/remote-excerpt-one.html
[426] https://www.inc.com/jason-fried/excerpt-face-to-face-is-overrated.html
[427] https://www.lifehack.org/412480/how-to-be-more-creative-without-running-out-of-ideas
[428] https://www.inc.com/jason-fried/excerpt-true-challenge-of-remote-workers.html
[429] https://amzn.to/2vg6X9P
[430] https://signalvnoise.com/posts/3658
[431] https://multiversial.es/el-mundo-en-el-que-hacemos-negocio/product-management/okrs-lo-que-debes-saber-del-nuevo-hype-sobre-objetivos/
[432] https://www.inc.com/jason-fried/excerpt-easy-on-the-mms.html
[433] https://www.forbes.com/sites/enriquedans/2020/06/30/what-if-working-from-home-could-be-different-to-how-its-been-until-now/

[434] https://ma.tt/2020/04/five-levels-of-autonomy/
[435] https://multiversial.es/el-mundo-en-el-que-hacemos-negocio/gestion-personal-y-de-equipos/beneficios-y-retos-del-teletrabajo-contado-por-los-expertos/
[436] https://mailchi.mp/bonillaware/trabajo-remoto?e=96cd939f5a
[437] https://amzn.to/33c9UVl
[438] https://hbr.org/2020/10/successful-remote-teams-communicate-in-bursts
[439] https://multiversial.es/el-mundo-en-el-que-hacemos-negocio/gestion-personal-y-de-equipos/la-asincronia-en-la-comunicacion-es-la-clave-del-trabajo-remoto-si-no-lo-practicas-estas-perdiendo-mucho-tiempo/
[440] https://medium.com/the-innovation/
[441] https://medium.com/the-innovation/stop-thinking-about-productivity-and-start-thinking-about-focus-d54d9008c622
[442] https://amzn.to/3hxd1g9
[443] https://multiversial.es/el-mundo-en-el-que-hacemos-negocio/gestion-personal-y-de-equipos/la-asincronia-en-la-comunicacion-es-la-clave-del-trabajo-remoto-si-no-lo-practicas-estas-perdiendo-mucho-tiempo/
[444] https://superorganizers.substack.com/p/the-ceo-of-no
[445] https://amzn.to/3hDgbyY
[446] https://amzn.to/32xvoxo
[447] https://www.youtube.com/watch?v=C36WaLcHpEY
[448] https://www.researchgate.net/publication/271732463_Higher_Income_Is_Associated_With_Less_Daily_Sadness_but_not_More_Daily_Happiness
[449] https://www.nature.com/articles/s41562-017-0277-0
[450] https://www.nature.com/articles/s41562-017-0277-0
[451] https://www.pewsocialtrends.org/2019/02/20/most-u-s-teens-see-anxiety-and-depression-as-a-major-problem-among-their-peers/
[452] https://psycnet.apa.org/record/2018-13502-002
[453] https://academic.oup.com/jcr/article/44/1/118/2736404
[454] https://psycnet.apa.org/record/2016-56578-001
[455] https://www.annualreviews.org/doi/abs/10.1146/annurev-psych-042716-051139
[456] https://www.youtube.com/watch?v=H19o35hef3M&feature=youtu.be
[457] https://www.linkedin.com/in/aldamiz/
[458] https://aldamiz.com/chicisimo-postmortem/
[459] https://inusual.com/es/blog/el-riesgo-de-la-autocomplacencia

[460] https://blog.hubspot.com/sales/survivorship-bias
[461] https://www.behavioraleconomics.com/resources/mini-encyclopedia-of-be/sunk-cost-fallacy/
[462] https://towardsdatascience.com/why-correlation-does-not-imply-causation-5b99790df07e
[463] https://www.decisionskills.com/blog/how-ice-cream-kills-understanding-cause-and-effect
[464] https://www.tylervigen.com/spurious-correlations
[465] https://www.verywellmind.com/what-is-a-confirmation-bias-2795024
[466] https://en.wikipedia.org/wiki/OKR
[467] https://en.wikipedia.org/wiki/John_Doerr
[468] https://amzn.to/2vaYqVe
[469] https://library.gv.com/how-google-sets-goals-okrs-a1f69b0b72c7
[470] https://firstround.com/review/the-management-framework-that-propelled-LinkedIn-to-a-20-billion-company/
[471] https://thenextweb.com/growth-quarters/2020/07/08/6-ways-to-motivate-and-inspire-your-employees-that-dont-involve-a-pay-rise/
[472] https://www.exacthire.com/blog/hiring-process/what-does-employee-onboarding-mean-for-your-organization/
[473] https://www.appcues.com/blog/user-onboarding-funnel-amplitude
[474] https://www.imaginarycloud.com/blog/videogame-onboarding-design-lessons/
[475] https://hackernoon.com/happy-national-checklist-day-learn-the-history-and-importance-of-october-30-1935-17d556650b89
[476] https://www.newyorker.com/magazine/2007/12/10/the-checklist
[477] https://pennstate.pure.elsevier.com/en/publications/checklist-of-critical-success-factors-for-building-projects-2
[478] https://amzn.to/3a9jH1m
[479] https://multiversial.es/el-mundo-en-que-vivimos/cultura/the-outsiders-el-libro-de-culto-de-la-inversion-de-capital/
[480] https://www.inc.com/justin-bariso/elon-musk-just-sent-an-extraordinary-email-to-tesla-employees.html
[481] https://multiversial.es/el-mundo-en-el-que-hacemos-negocio/gestion-personal-y-de-equipos/no-pienses-en-ser-productivo-piensa-primero-en-estar-enfocado/
[482] https://multiversial.es/el-mundo-en-el-que-

hacemos-negocio/gestion-personal-y-de-equipos/la-asincronia-en-la-comunicacion-es-la-clave-del-trabajo-remoto-si-no-lo-practicas-estas-perdiendo-mucho-tiempo/
[483] https://anothertaskdone.com/decline-a-meeting/?utm_source=ActiveCampaign&utm_medium=email&utm_content=How+to+Decline+a+Meeting+%5bBest+Reads%5d&utm_campaign=Weekly+Digest+(Sept+26)
[484] https://hbr.org/2018/07/the-biggest-obstacles-to-innovation-in-large-companies
[485] https://dle.rae.es/innovaci%C3%B3n
[486] https://multiversial.es/el-mundo-en-que-vivimos/tecnologia/eric-ries-de-escribir-lean-startup-a-crear-la-competencia-de-nasdaq/
[487] https://agilemanifesto.org/iso/es/manifesto.html
[488] https://www.techwell.com/techwell-insights/2018/10/agile-everything-taking-manifesto-beyond-software
[489] https://labs.spotify.com/2014/03/27/spotify-engineering-culture-part-1/
[490] https://multiversial.es/el-mundo-en-el-que-hacemos-negocio/product-management/okrs-lo-que-debes-saber-del-nuevo-hype-sobre-objetivos/
[491] https://hbr.org/2012/05/in-defense-of-polymaths
[492] https://www.fastcompany.com/3049791/3-reasons-why-small-teams-make-better-tech-innovators
[493] https://www.bl.uk/people/jane-austen
[494] https://www.sciencedirect.com/science/article/abs/pii/002210317490033X
[495] https://www.inc.com/business-insider/jeff-bezos-productivity-tip-two-pizza-rule.html
[496] https://amzn.to/35v99tg
[497] https://www.youtube.com/watch?v=6CK94PG8G90&feature=youtu.be
[498] https://www.idealab.com/
[499] https://confilegal.com/20160105-auctoritas-potestas-antigua-roma/
[500] https://hbr.org/2020/02/every-leader-needs-to-navigate-these-7-tensions?utm_medium=social&utm_campaign=hbr&utm_source=linkedin
[501] https://hbr.org/2014/05/the-best-leaders-are-humble-leaders
[502] https://hbr.org/2019/02/the-3-elements-of-trust
[503] https://www.hbs.edu/faculty/Publication Files/16-057_d45c0b4f-fa19-49de-8f1b-4b12fe054fea.pdf

[504] https://hbr.org/2020/03/how-to-spot-an-incompetent-leader
[505] https://bit.ly/2IQMr2R
[506] https://journals.sagepub.com/doi/abs/10.1177/1534484314560406
[507] https://amzn.to/3aWQEhl
[508] https://www.sciencedirect.com/science/article/abs/pii/S0167487013000949
[509] https://www.sciencedirect.com/science/article/pii/S0960982211011912
[510] https://www.sciencedirect.com/science/article/pii/B9780123855220000056
[511] https://hbr.org/2020/03/how-to-spot-an-incompetent-leader
[512] https://amzn.to/2TRoKgX
[513] https://www.forbes.com/sites/tomaspremuzic/2014/05/12/seven-common-but-irrational-reasons-for-hating-personality-tests/
[514] https://amzn.to/2JmoVuR
[515] https://www.linkedin.com/posts/ferrenet_esto-del-emprendimiento-y-pasa-igual-con-activity-6635944457197887488--1Pv
[516] https://hbr.org/2020/03/why-you-should-become-an-intrapreneur
[517] https://www.youtube.com/watch?v=u6XAPnuFjJc
[518] https://multiversial.es/el-mundo-en-el-que-hacemos-negocio/product-management/okrs-lo-que-debes-saber-del-nuevo-hype-sobre-objetivos/
[519] https://multiversial.es/el-mundo-en-que-vivimos/cultura/como-se-ha-disenado-la-cultura-de-google/
[520] https://www.talentsmart.com/
[521] https://hbr.org/2005/12/heartless-bosses
[522] https://hbr-org.cdn.ampproject.org/c/s/hbr.org/amp/2019/05/how-to-stop-worrying-about-what-other-people-think-of-you
[523] https://hbr-org.cdn.ampproject.org/c/s/hbr.org/amp/2019/05/how-to-stop-worrying-about-what-other-people-think-of-you
[524] https://hbr-org.cdn.ampproject.org/c/s/hbr.org/amp/2019/05/how-to-stop-worrying-about-what-other-people-think-of-you

AGRADECIMIENTOS

Este libro no hubiera sido posible sin Silvia, por 3 motivos diferentes: Primero, es mi compañera de viaje que entiende lo que significa este proyecto para mi y me apoya incondicionalmente. Segundo, es mi consejera de referencia con la que consulto las decisiones de negocio sobre MultiVersial. Y por si no fuera suficiente, como tercera razón es la editora oficial de MultiVersial haciendo un trabajo ingente de corrección y mejora tanto en el contenido como en la estructura del libro.

A mis hijas, que han visto como escribía este libro mientras ellas cenaban muchos de los días del año y que solo me despegaban de la silla para las películas de fin de semana o para disfrutar juntos de Caballeros del Zodíaco.

A mi padre, que ha sido la prueba del algodón más importante durante todo el 2020 siendo el lector más fiel de MultiVersial y dando opinión puntual del contenido. Mi padre me ha permitido balancear la profundidad de contenido versus sencillez en la explicación del mismo ya que el objetivo de MultiVersial siempre ha sido explicar el negocio de las compañías tecnológicas de manera directa y simple para que se entienda fácilmente.

A Roberto, bastión de MultiVersial, sin el cual este proyecto no hubiera sido posible.

A Carlos Gavilanes, que escribe en MultiVersial su panorámica semanal que es el mejor resumen en castellano de lo que ocurre en el mundo tecnológico.

A Luis por ser la referencia técnica del proyecto.

A Jorge por liderar el diseño y experiencia de uso.

A todos los invitados expertos del 2020 por su compartir su conocimiento con la comunidad de MultiVersial: Vanessa Alvarez, Jose Ramón Gómez Utrilla Carolina Pinart, Jordi Sesmero, Adolfo González, Carlos de Otto y Carlota de Paula Coelho.

Y por supuesto a toda mi familia y amigos, por apoyarme en este y en todos mis proyectos.

ABOUT THE AUTHOR

Carlos Molina Del Rio

Fundador y editor principal de Multiversial
Ingeniero de telecomunicaciones por la Universidad pública de Navarra, Diploma de estudios avanzados (DEA) por la universidad politécnica de Cataluña, MBA por el IESE, especialización en gestión de producto (Product Management) por Berkeley y certificado en estrategias de crecimiento por Reforge.

Más de 15 años de experiencia construyendo negocios digitales en empresas multinacionales como Telefónica o lanzando startups como 89Bits o MultiVersial. El rol principal de mi carrera es el de líder de equipos y productos de innovación, construyendo la visión, la estrategia y el roadmap necesario para llegar a los objetivos de negocio.

www.ingramcontent.com/pod-product-compliance
Lightning Source LLC
Chambersburg PA
CBHW060831220526
45466CB00003B/1064